24.-

Hermann Kirchhoff · Christi Himmelfahrt

W0310660

Hermann Kirchhoff

CHRISTI HIMMELFAHRT BIS SANKT MARTIN IM CHRISTLICHEN BRAUCHTUM

Kösel

Meinen Geschwistern

CIP-Kurztitelaufnahme der Deutschen Bibliothek

Kirchhoff, Hermann:
Christi Himmelfahrt bis Sankt Martin im christlichen Brauchtum / Hermann Kirchhoff. – München : Kösel, 1986.
ISBN 3-466-36256-3

© 1986 by Kösel-Verlag GmbH & Co., München.
Printed in Germany. Alle Rechte vorbehalten.
Gesamtherstellung: Kösel, Kempten.
Umschlag: Günther Oberhauser, München, unter Verwendung eines Fotos von R. Böhm
ISBN 3-466-36256-3

Inhalt

Vorwort 9

1 Das Brauchtum des Festes Christi Himmelfahrt 15

1.1 Zur Theologie des Festes 15
1.2 Zur liturgiegeschichtlichen Entwicklung des Festes 16
1.3 Das Brauchtum des Festes 18

2 Das Brauchtum des Pfingstfestes 23

2.1 Zur Theologie des Pfingstfestes 23
2.2 Das Brauchtum des Pfingstfestes 25

3 Das Brauchtum des Fronleichnamsfestes 35

3.1 Theologie und geschichtliche Entwicklung des Festes 35
3.2 Das Brauchtum des Festes 36
3.2.1 Die Geschichte der Fronleichnamsprozession 37
3.2.2 Fronleichnamsprozession heute 40
3.2.3 Neue (alte) Sinngebung 45

4 **Das Brauchtum des Festes Johannes' des Täufers** 48

4.1 Zur Theologie des Festes 48
4.2 Das Datum des Festes und seine (theologische) Bedeutung 49
4.3 Das Brauchtum des Festes 50

5 **Das Brauchtum des Festes der Aufnahme Mariens in den Himmel** 57

5.1 Zur Theologie des Festes 57
5.2 Zur Entwicklung des Festes 58
5.3 Das Brauchtum des Festes: Die Kräuterweihe 58
(Geschichtliche) Wurzeln 58
Anzahl und Art der gesammelten Kräuter 65
Die Zeit zum Sammeln 78
Die Verwendung der Kräuter 79
Der Brauch heute 79

6 **Das Brauchtum des Kirchweihfestes** 82

6.1 Zur Theologie des Festes 82
6.2 Die Entwicklung des Festes 83
6.3 Das Brauchtum des Festes 85

7 **Das Brauchtum des Erntedank-Festes** 91

7.1 Zur Entwicklung des Festes 91
7.2 Das Brauchtum des Festes 92
Anhang: Der Abtrieb von der Alm 100

8 Das Brauchtum des Allerseelenfestes 102

8.1 Allerheiligen – Allerseelen 102
8.2 Entwicklung des Allerseelenfestes 103
8.3 Das Brauchtum des Allerseelenfestes 104
Requiem und Gräbergang 104
Allerheiligen- (Allerseelen-)Backwerk 106
Weiteres Brauchtum 110
8.4 Exkurs: Totenbräuche 111
8.5 Perspektiven 119

9 Das Brauchtum des Hubertusfestes 121

9.1 Entwicklung der Verehrung des Heiligen und die Geschichte seines Festes 121
9.2 Das Brauchtum des Festes 125

10 Das Brauchtum des Martinsfestes 130

10.1 Leben und Kult des Heiligen 130
10.2 Das Martinsfest im Kirchenjahr 132
10.3 Das Brauchtum des Martinsfestes 133

Bildnachweis 143

Vorwort

Nach dem Erscheinen des Bandes »Christliches Brauchtum. Von Advent bis Ostern« bedauerten Rezensenten, daß nicht auch für die andere »Hälfte« des Kirchenjahres (sicher nicht so reich an Festen und deren vielgestaltigem Brauchtum) die christlichen Bräuche ermittelt und überdacht worden seien. Nachdem ich mich daraufhin entschlossen hatte, dem Brauchtum dieser Zeit des Kirchenjahres nachzugehen, war ich überrascht über die Vielzahl der gefundenen Bräuche, aber auch erschrocken darüber, wieviel wichtiges Brauchtum abgesunken ist, das zum Leben der Gemeinde notwendig wäre. Manches mag wieder zu erwecken sein – manche Feste könnten neues Brauchtum bilden.[1]

1 Die deutsche Kirche hat die Bedeutung des Brauchtums für unsere Zeit früh erkannt. Schon 1928 erklärte die Freisinger Bischofskonferenz (unter Leitung des Breslauer Kardinals Bertram): »Die Konferenz nimmt mit Beifall Kenntnis von der deutschen volkskundlichen Forschung ...; die Oberhirten der Diözesen werden die Arbeit für tiefgründige Erforschung der kirchlichen Volkskunde ... eindringlich empfehlen und wünschen, daß die Bearbeitung der katholischen kirchlichen Volkskunde geeigneten Geistlichen anvertraut wird ...« Die Ordinariate von München (1929), Regensburg (1931) und Augsburg (1932) wiesen die Seelsorger an, den alten

Einiges Grundsätzliche zum Brauchtum und seiner Bedeutung für die Religionspädagogik und Katechetik habe ich im Vorwort des oben genannten Bandes gesagt (S. 7ff). Die folgenden Gedanken mögen als Ergänzung verstanden werden.
Die pastoraltheologische Diskussion wird – nach einer Zeit der Stagnation – wieder lebhafter. Mit großer Nüchternheit wird erkannt, daß nur noch 10–20% der Bevölkerung kirchlich sozialisiert sind. Die andern müssen immer mehr als getaufte (oder schon ungetaufte) »Heiden« angesehen werden. Zu Recht wird gefragt, ob eine Korrelation solch heidnischer (nicht mehr adventlich-heidnischer, sondern apostatisch-heidnischer) Weltanschauung mit dem Christentum überhaupt noch möglich ist. Jedenfalls erwachsen aus solchem Befund neue Aufgaben für den (schulischen) Religionsunterricht und die Gemeindekatechese.
Der (schulische) *Religionsunterricht* steht heute in einem enormen Spannungsfeld. Einerseits wird er in immer stärkerem Maße propädeutische Aufgaben haben: angesichts einer flachen, eindimensionalen Weltanschauung muß er den Schülern die Augen für die Mehrdimensionalität der Wirklichkeit öffnen; er muß den Schülern helfen, die Sinnfrage neu zu stellen, die Einmaligkeit und Unersetzbarkeit ihres

Bräuchen erhöhte Aufmerksamkeit zuzuwenden und diese nach Möglichkeit zu erhalten, »indem man im Religionsunterricht, in der Predigt und in Vorträgen auf sie hinweist und sie erklärt«. Wo sie nicht zu erhalten seien, möge man sie aufzeichnen . . . A. Stonner, Die deutsche Volksseele im christlich-deutschen Volksbrauch, München 1935, 22f.

Lebens zu akzeptieren; er muß zeigen, daß jeder Mensch in seiner Wesenstiefe auf Gott hin angelegt, für ihn offen ist.
Andererseits muß solcher Unterricht die Kernwahrheiten des christlichen Glaubens darlegen: die Botschaft vom Gekreuzigten und Auferstandenen, der in seinem Geist die Welt durchweht und der mit seinem Volk, der Kirche, unterwegs ist, um im großen Treck der Geschichte alle Völker zum Vater zu führen; die Botschaft von der jetzigen und der eschatologischen Hoffnung auf das Reich der Gerechtigkeit, der Liebe und des Friedens . . .
Das alles soll so geschehen, daß der *ungläubige* Schüler die anthropologischen Grundbefindlichkeiten wiederentdeckt und sich mit der Antwort des Christentums auf die entscheidenden Fragen der Menschheit auseinandersetzt; daß der *religiös indifferente* Schüler beginnt, sich selbst und seinen Glauben zu reflektieren; daß endlich der *gläubige* Schüler tiefer in sein Mensch- und Christsein geführt wird – eine kaum lösbare Aufgabe.
Eine Hilfe bietet hier das Brauchtum an. Es hat im Religionsunterricht der öffentlichen Schulen heute wohl vornehmlich propädeutische Funktion. Brauchtum reicht ja mit vielen Wurzeln in die frühe Geschichte der Völker und macht deutlich, daß die Menschen aller Zeiten sich der Frage nach dem Sinn der Welt und ihres Lebens gestellt haben. Es zeigt die gewaltige Hoffnung aller Völker auf Leben, Gerechtigkeit, Heil. Es zeigt, wie sehr die Menschen aller Zeiten um ihr verdanktes Dasein wußten, ihr Ausgeliefertsein an die Mächte, die Götter, Gott . . .
So bleibt das Brauchtum ein wichtiger Brücken-

schlag zwischen der säkularisierten Welt und der Welt des Glaubens.

Für den *gläubigen* Schüler bietet das Brauchtum eine Hilfe zur Verleiblichung seines Glaubens an, wie unten ausgeführt wird.

Was die *Katechese in der Gemeinde* angeht (und damit das Leben der Gemeinde), so wird die Hauptaufgabe in Zukunft wohl die »Evangelisation«, die Erstbekehrung sein. Bekehrung aber verlangt das Glaubens*zeugnis,* nicht primär (wenn ich recht sehe) das des einzelnen (dessen Zeugnis – falls er nicht einen weltweiten Namen hat wie Mutter Teresa oder Albert Schweitzer – leicht als religiöse Überspanntheit oder als Sektierertum abgetan werden kann), sondern das der Gemeinde.

Wo aber gibt es Gemeinden, die solches Zeugnis ablegen? Sicher haben Wohlstandsgesellschaft und »Zeitgeist« zum Schwund des Glaubens und zum Werteverfall in unseren Gemeinden beigetragen; zu fragen ist jedoch, ob die Wurzeln nicht auch hier tiefer liegen. Ich fürchte, daß sich in den letzten Jahrhunderten der Glaube in steigendem Maße nicht mehr *verleiblicht* hat, daß er nicht mehr ganzmenschlich assimiliert wurde. Die Akademisierung der Kirche hat dazu ebenso beigetragen wie das jahrhundertelange Defizit an Homiletik und Katechetik in der Theologenausbildung (was mit der Geringschätzung dieser theologischen Disziplinen durch die Vertreter der »klassischen« Disziplinen verbunden war und verbunden ist).

Durch das Brauchtum könnte die »Verleiblichung« des Glaubens gefördert werden. Die Inhalte des Glaubens könnten (wieder) mit allen Sinnen erfaßt, begriffen – vielleicht sogar »genossen« werden. Durch das Brauchtum bekämen unsere Gemeinden wieder Farbe; Brauchtum könnte verlocken, das Leben der Gemeinde mitzuleben.

In der *christlichen Erziehung in der Familie* könnte das Brauchtum helfen, die Spracharmut im christlichen Bereich zu lindern oder aufzuheben. Alle Bräuche sind ja »beredt« und können leicht begriffen werden. In Gesprächen über das Brauchtum können anthropologische Grundgegebenheiten (Sehnsucht, Hoffnung, Traum . . .) erkannt und dem Leben integriert werden. Und frühzeitig kann sich Glaube so verleiblichen.

Gewiß: Brauchtum sollte in seiner Bedeutung nicht überschätzt werden. In einer Zeit weitgehender religiöser Verkümmerung (Guardini), der Liturgie- und allgemein der Symbolunfähigkeit, gibt es auch die »Brauchtumsunfähigkeit«. Dabei glaube ich (mit Geramb) nicht an ein »Absterben der Bräuche«, denn »Sitte und Brauch gehören ebenso wie Glaube und Sprache zu den ›Elementarerscheinungen‹, zu den ›Urtatsachen‹ der Menschheit«[2]; wohl aber dürfte die Sinnentleerung der Bräuche fortschreiten. Der Schritt vom sinnlich Erfahrbaren zum numinosen Grund scheint unendlich groß zu werden. Dennoch scheint dieser Schritt im Brauchtum, das ja eng mit der Symbolerfahrung verbunden ist, leichter zu sein als bei andern »Brückenschlägen«. Der Blick auf die Kulturgeschichte der Menschheit zeigt, wie oben ausgeführt, wie sehr das Brauchtum auf die Frage

[2] V. von Geramb, Sitte und Brauch in Österreich, Graz 1948, 11.

nach dem Sinn, nach dem numinosen Grund unseres Daseins angelegt ist. Und im Tun des Brauchs, wie im begleitenden Gespräch, können die verborgenen Sehnsüchte, Träume, Hoffnungen und Fragen leichter als sonst Gestalt annehmen und, in ihrer anthropologischen Mächtigkeit erkannt, Wort werden.
Wenn die Anregungen des Buches aufgenommen, phantasievoll ausgestaltet und (für die unterschiedlichen Verhältnisse der Gemeinden) weiterentwickelt werden, kann ein Beitrag zur Wiederentdeckung des Religiösen und zur Verleiblichung des christlichen Glaubens geleistet werden.

1 Das Brauchtum des Festes Christi Himmelfahrt

1.1 Zur Theologie des Festes

Es gibt »keinen wirklichen Unterschied zwischen Auferstehung und Himmelfahrt. Beide Aussagen wollen mit je verschiedenen Bildern und innerhalb eines je verschiedenen Vorstellungshorizontes ausdrücken, daß Jesus nicht im Tode geblieben ist, sondern gerade in seinem Tod den letzten Sinn aller Geschichte, nämlich Gott, erreicht hat«.[1] In den Festen der Auferstehung und der Himmelfahrt feiern wir das im Tode Jesu Christi sich ereignende Eingehen des erhöhten Kyrios in die endgültige Herrlichkeit des Vaters. Dabei tritt das Himmelfahrtsfest an Bedeutung hinter dem Fest des Todes und der Auferstehung zurück.
Von den Evangelisten berichtet – außer der kurzen Erwähnung der Himmelfahrt im sogenannten »Markusschluß« (Mk 16,19) – nur Lukas ausführlich vom Ereignis (24,50ff und Apg 1,6ff). Bei den Eucharistiefeiern der Urkirche war das Grundthema (vor allem im Hochgebet) die »passio domini«, die in Tod und Auferstehung gewirkte Erlösung.[2] In den

[1] G. Lohfink, Der Tod ist nicht das letzte Wort, Freiburg 1976, 24.
[2] J. A. Jungmann, Missarum Sollemnia, Wien 1949, II/266.

Gedächtnisworten nach der Wandlung gedachte man zunächst des Leidens und der Auferstehung des Herrn; später (seit Ambrosius) auch der Himmelfahrt.[3]

1.2 Zur liturgiegeschichtlichen Entwicklung des Festes

Das Fest der Himmelfahrt Christi ist (als eigenständiges Fest) erst gegen Ende des 4. Jahrhunderts nachzuweisen. Die Urkirche gedachte zunächst in der sogenannten »Pentecoste«, der 50tägigen Festzeit von Ostern bis Pfingsten, des Todes, der Auferstehung, der Himmelfahrt und der Geistsendung als eines einzigen (untrennbaren) Festgeheimnisses. Sie war sich der Einheit von Auferstehung, Himmelfahrt und Geistsendung bewußt.[4] Später bildete sich dann das Kirchenjahr mit eigenständigen Festen heraus, wobei (bei allen Vorteilen) das Bewußtsein der Einheit des Festereignisses verlorenging. Offenbar hat Betlehem (wohl im Kampf gegen den Kult des Adonis[5]) dann

3 Ebd.

4 Vgl. G. Lohfink, Die Himmelfahrt Jesu, Stuttgart 1972, 26ff.

5 Der Adonis-Kult wurde gerade in Betlehem gefeiert. Der Festmonat des Adonis, der Juni, fiel zeitlich in die Nähe der Himmelfahrt (40 Tage nach Ostern). So wurde dem gestorbenen und »auferstandenen« Adonis der wahrhaft Auferstandene und Erhöhte gegenübergestellt (vgl. Cl. Kopp, Die heiligen Stätten der Evangelien, Regensburg 1959, 46f).

Himmelfahrtskapelle auf dem Ölberg in Jerusalem

die Feier des Himmelfahrtsfestes an sich gezogen und die Gemeinde in Jerusalem eingeladen[6], bis sich überall die Festfeier der Himmelfahrt durchsetzte.

1.3 Das Brauchtum des Festes

Das Fest hat wenig eigenständiges Brauchtum entwickelt.[7] Manche Bräuche sind sekundär beim Fest angesiedelt worden: So (in der Schweiz) der »Auffahrtsumritt« in Beromünster und die »Bannumzüge« in Baselbiet.[8] Diese Umritte dürften alte Bannbräuche gewesen sein, bei denen (im Frühjahr) die Grenzen der Gemeinde, der Pfarre ... umritten oder abgeschritten wurden, um den Segen Gottes für die Fluren zu erflehen, ein Brauch, der sich auch in einigen deutschen Landschaften bis heute erhalten hat.

Eher possenhaft (und damit viele Fehlentwicklungen entlarvend) ist der Brauch, zum Himmelfahrtstag nur »Fliegendes« (Geflügel) zu essen.[9]

So bleibt als nahezu einziger christlicher Himmelfahrtsbrauch das gelegentlich noch geübte Hochziehen einer Heilandsfigur zu einer Luke in der Kirchen-

[6] Jerusalem besaß seit Konstantin eine eigene Himmelfahrtskirche (am Ölberg), aber keine Festfeier am 40. Tage nach Ostern (Kopp, 47).

[7] Offenbar war man sich des sekundären Charakters des Festes mehr bewußt, als wir ahnen.

[8] Artemis, Das Jahr der Schweiz in Fest und Brauch, Zürich–München 1981, 184ff und 187f.

[9] Geramb, 87; S. Gräfin Schönfeldt, Das große Ravensbur-

»Auffahrt-Christus« (Oberpfalz)

decke. Der Brauch dürfte aus der Barockzeit stammen.[10] Die Figur wird (wurde) gewöhnlich – unter wechselnden Zeremonien – nach dem Gottesdienst (Kappl bei Waldsassen)[11], zur Mittagszeit[12] oder in der nachmittäglichen Vesper[13], oft von geschmückten Engeln begleitet, emporgezogen. Wichtig ist, wohin die sich langsam drehende Figur unmittelbar vor dem Verschwinden in der Luke blickt, denn von dort kommen in der Folgezeit die Wetter.[14]

Offenbar wurden schon bald vom Kirchenboden Heiligenbildchen, Äpfel oder Blumensträußchen herabgeworfen.[15] Die Kinder, die sich um die Bildchen, Äpfel usw. rauften (wobei es wohl recht lebhaft zuging), wurden dann nicht selten von oben mit einem Wasserguß bedacht.

Einen Brauch eigener Art hat O. Schmidt anhand der Amberger Kirchenrechnungen entdeckt. So war es in

ger Buch der Feste und Bräuche, Ravensburg 1980, 145.

10 H. Fähnrich, in: Oberpfalzverein (Hg.), Lebendiges Brauchtum der Oberpfalz, Weiden 1983, 42. In Amberg dürfte er um 1670 (Schmidt) aufgekommen sein.

11 H. Fähnrich beschreibt den in der Kappl noch geübten Brauch: »Dann, nach dem dreimaligen lateinischen Ruf des Priesters und nach der Segnung der Figur ist es so weit. Lautlos erhebt sich die Figur und schwebt empor, sich langsam um die eigene Achse drehend – der Heiland hat die Hand segnend ausgestreckt. Er entschwebt an einem kaum wahrgenommenen Seil in einen der drei Türme, aufmerksam verfolgt nicht nur von Kinderaugen . . .« (Oberpfalzverein, 42).

12 Geramb, ebd.; R. Dettmann, M. Weber, Eifeler Bräuche im Jahreskreis und Lebenslauf, Köln 1981, 71.

13 Stonner, 191.

14 Geramb, 87 u. a.

15 Stonner, ebd.; vgl. Geramb, ebd.

der Hauptkirche Ambergs offenbar üblich, nach dem Verschwinden der Heilandsfigur Oblaten auf die Gläubigen herabregnen zu lassen.[16] Als man den Brauch später als unpassend empfand (ob wegen der Verwechslungsgefahr mit konsekrierten Hostien oder weil manche der Oblaten wohl auch an »ungewöhnliche Plätze« [Schmidt] fielen, bleibt dahingestellt), wurde von einem Amberger Schreiner ein »Kranz von Oblaten« gebunden, der nach der »Auffahrt« langsam vom Kirchenboden herabgelassen wurde. Da der Kranz Jahr für Jahr in der Kostenrechnung erscheint, ist er offenbar von den Gläubigen geleert worden.

Es ist schwer, solche (heute noch vereinzelt vorkommende) Bräuche gerecht zu beurteilen. Fähnrich schreibt: »In einer Zeit, wo nüchterne Sachlichkeit Trumpf ist, bleibt festzustellen, daß diese Kirche (sc.: die Kappl) an Christi Himmelfahrt bis auf den letzten Platz besetzt ist. Ob das kleine Kapplfest wirklich nur ein Fest für Kinder ist?«[17]

Theologisch muß aber gesagt werden, daß die Himmelfahrt kein »sinnenfälliges« Ereignis ist und daß bei solchem Brauch die Gefahr groß ist, daß sich falsche Vorstellungen im Volk festsetzen, die den Glauben nicht »verleiblichen«, sondern ihn fragwürdig machen. Andererseits ist – recht verstanden – der aus Amberg berichtete Brauch von theologischer Tiefe: Der Herr wird den Blicken der Gläubigen

16 Nach persönlicher Mitteilung von O. Schmidt. Immerhin weist die Kirchenrechnung für 1674 einen Betrag von 1 ½ Gulden für diesen Brauch aus, und 1676 sind urkundlich 303 »Oblatenplatten« für Himmelfahrt gekauft worden.

17 Oberpfalzverein, ebd.

entzogen und bleibt in der Gestalt des eucharistischen Brotes unter uns.[18] Vielleicht ist es gut, solche Bräuche im Medium des *Wortes* (in Predigt, Unterricht, Erzählung) neu zu beleben und sie auf ihren theologischen Aussagewert »abzuhorchen«.

Nun gibt es am Fest der Himmelfahrt auffallend viele Wallfahrten, die zum Teil sehr alter Brauch sind (Westfalen, Eifel, Süddeutschland). Wenn die Wallfahrt Bild unseres Lebensweges ist: auf dem Weg zum Heiligen (letztlich immer: zu Gott) zu sein und so Sinn und Ziel des Lebens zu finden, dann bietet sich der Himmelfahrtstag als Wallfahrtstag geradezu an. Vielleicht wurden aufgrund solcher Überlegungen die Bittprozessionen mit dem Fest verbunden. Diese stammen aus Gallien, wo sie Bischof Mamertus von Vienna um 1470 zur Abwendung schwerer Plage einführte.[19] Eigenartig bleibt, wie sich solcher (Buß-) Brauch in der österlichen Festzeit (Pentecoste) behaupten konnte.[20] Hier mag die Theologie des Himmelfahrtstages den Ausschlag gegeben haben.[21]

18 Dazu kommt – erstmals 1674 erwähnt – der Brauch, aus der Luke, durch die Christus entschwand, eine hölzerne Heilig-Geist-Taube zum Pfingstfest herabschweben zu lassen: Der Herr ist in neuer Seinsweise unter uns.

19 Noch um 1700 wurde in Toul auf einer Stange das Bild eines Drachen mitgetragen, den der Träger bei der Rückkehr von der 3. Bittprozession »wie einen besiegten Feind« sich über die Schulter legte (LThK I, 519).

20 Spanien verlegte diese Bittgänge in die Woche nach Pfingsten, konnte aber die Ausbreitung des gallischen Brauches nicht verhindern (ebd).

21 Leider wird das Fest heute immer mehr zum »Vatertag« (wohl wegen der zeitlichen Nähe zum »Muttertag«) mit indiskutablen »Bräuchen«.

2 Das Brauchtum des Pfingstfestes

2.1 Zur Theologie des Pfingstfestes

Pfingsten war stets ein Teil des *einen* Festes der Erlösung: Der am Kreuz Gestorbene wurde als der Kyrios zum Vater erhöht und kam in der Weise des Geistes zu den Seinen zurück. Erst später (als das Kirchenjahr sich entfaltete und historisierende Tendenzen entstanden) wurde ein eigenes Fest der Pfingsten begangen.

So ist theologisch primär die *Einheit* des Heilsereignisses zu sehen: Pfingsten bleibt mit Ostern zur Einheit verbunden.[1]

Der Pfingstbericht der Apostelgeschichte (Apg 2,1 ff) läßt den Geist im Symbol des Sturmes und des Feuers auf die junge Gemeinde herabkommen.[2] Damit wird die alttestamentliche Erfahrung wieder aufgenommen, die für Wind, Sturm, Atem (Lebenshauch) und Geist nur *ein* Wort: »ruach« hat. Die

1 Bis heute wird diese Einheit in der Liturgie deutlich. Die Lesung nimmt Apg 2,1 ff auf: Die Herabkunft des Geistes am 50. Tage nach Ostern, dem jüdischen Wochenfest (Schawuot); das Evangelium dagegen Joh 20,22 f: Der Auferstandene erscheint *am Abend des Auferstehungstages* den Jüngern, haucht sie an und übermittelt ihnen den Heiligen Geist. Das konträr Erscheinende ist zur Einheit des *einen* Erlösungsgeschehens verbunden.

2 Vgl. das Kap. Wind/Sturm, in: H. Kirchhoff (Hg.), Ursymbole, München [2]1985.

Pfingstdarstellung, entstanden um 1020 im Kloster Reichenau/Bodensee

Symbolik des Windes, Sturmes, Atems ... macht das Wirken des Geistes deutlich: belebend, befruchtend, erwärmend ... und niederreißend, zerstörend ist er in der Welt. Im NT (vgl. vor allem Joh 7,37 ff und Joh 19,33 f) wird auch das Wasser zum Symbol

des Geistes, welcher der dürstenden Menschheit mitgeteilt wird.
Der Geist ist das Angebot Gottes, das Herz des Menschen zu einem »menschlichen Herzen« zu machen (Ez 36,26); er treibt die Geistbegabten – zunächst den Herrn selbst, dann seine Jünger – dazu an, »den Armen die Frohbotschaft zu bringen, zu heilen, die zerbrochenen Herzens sind, den Gefangenen Befreiung und den Gefesselten Erlösung anzukündigen, auszurufen ein Jahr der Gnade von Jahwe, einen Tag der Rache für unseren Gott, die Betrübten zu trösten ...« (Jes 61f; siehe Lk 4,16ff).
Er will das Antlitz der Erde erneuern (Ps 104,30). Pfingsten eröffnet so Mensch und Welt eine menschen- und weltwürdige Zukunft.

2.2 Das Brauchtum des Pfingstfestes

Auch hier ist genuines Brauchtum spärlich.[3]
a) Seit dem Mittelalter[4] (in der Barockzeit natürlich besonders gepflegt) ist es üblich gewesen, am

[3] Es ist unverständlich, wie ein so wichtiges kirchliches Fest (das zu einer der schönsten Dichtungen der Kirche inspiriert hat, zur Sequenz des Pfingsttages: »Veni sancte Spiritus ...«) kaum Brauchtum hervorbrachte. Vielleicht war der Heilige Geist wirklich der »unbekannte Gott«, und vielleicht war dieser Geist in der Verkündigung und der gesamten Liturgie so wenig lebendig, daß das Fest im *Herzen* des Volkes nie verankert war.
Andererseits gab es im Mittelalter *vier* Pfingsttage, wodurch die Bedeutung dieses (Hoch-) Festes unterstrichen wurde. In der Eifel, in Ostpreußen u. a. wurden die

Pfingsttag den Heiligen Geist in Gestalt einer (gelegentlich lebendigen, meist aber hölzernen) Taube aus dem »Heilig-Geist-Loch«[5] herabschweben zu lassen. Dabei lag es an der Kunst der (sie herablassenden) Ministranten oder des Mesners (Küsters), sie in großen Bögen über den Köpfen der Kirchenbesucher kreisen zu lassen.[6] In Tirol hing die Taube unter einem (vergoldeten) Rad.[7] Der Taube wurde Weihrauch dargebracht, ein Heilig-Geist-Gebet wurde gesprochen (ein Heilig-Geist-Lied gesungen) – dann schwebte die Taube langsam zum »Himmel« zurück.[8]

Oster- und Pfingstfeiertage noch im Barock als Tridua begangen (also mit drei Festtagen). In der Nahe- und Bliesgegend galt noch lange das Verbot der Feldarbeit auch am Mittwoch nach Pfingsten – wohl als Rest der alten vier Feiertage (Veit/Lenhart, Kirche und Volksfrömmigkeit im Zeitalter des Barock, Freiburg 1956, 155).
Vielleicht hat eine dubiose Naturschwärmerei: »Pfingsten, das liebliche Fest, war gekommen . . .« dazu beigetragen, daß der theologische Charakter des Festes verdunkelt wurde.
Die vertieften charismatischen Erfahrungen unserer Zeit, die Rückwendung zur pfingstlichen Theologie, mögen dazu beitragen, neues Brauchtum auszubilden.

4 so Veit/Lenhart, 154f.

5 Stonner, 191.

6 Geramb, 89.

7 Geramb, 88.

8 Vgl. Stonner, ebd. Für die Eifel hat H. Meyer den Brauch beschrieben: »(Es gab) hier und da in Eifeler Kirchen das innig-groteske Schauspiel, daß während des feierlichen Pfingstgottesdienstes hoch aus dem Schlußloch im Gewölbe der Kirche eine Taube als Vergegenwärtigung des Heiligen Geistes auf die fromme Gemeinde herabschwebte. Wie lebhaft der Geist und wie erdnahe seine

Offenbar wurden auch an diesem Fest Gaben herabgeworfen (welche wohl die 7 Gaben des Heiligen Geistes versinnbilden sollten): Lebkuchen und gedörrtes Obst,[9] gelegentlich »regnete« es auch Blumen, während die Chorknaben durch allerlei Geräusche das »Brausen (Wehen) des Geistes« hörbar machten.[10]
Nun ist die Taube nach dem Zeugnis der Apostelgeschichte kein *pfingstliches* Symbol des Heiligen Geistes. Denn nach Apg 2,1 ff kam der Geist unter dem Zeichen des Sturmes und der Feuerzungen (und nicht der Taube), deren Symbolik auch die Theologie des Heiligen Geistes geprägt hat. Durch Beschluß des Konzils von Nizäa (325) wurde aber die Taube aus

Herabkunft wurden, das war freilich dem Küster oder seinen Meßjungen überlassen, deren hohes Amt es an diesem Tage war, die hölzerne Taube herabschweben zu lassen. Und da hat manchmal gar ein Spaßvogel oder auch ein derb-gutmütiger Schalk seinen verzeihlichen Zorn am gestrengen Lehrer ausgelassen, indem er ihm den hölzernen Geist bedrohlich nahe ums gebeugte Haupt schweben ließ. Sobald aber das Evangelium von der Herabkunft des Heiligen Geistes verklungen war, verschwand auch die hölzerne Taube wieder durch das Loch im Gewölbe.« (Dörfliche Pfingsten, in: Kölnische Rundschau vom 28. 5. 1955; vgl. Dettmann/Weber, 73).

9 Geramb, ebd.; vgl. Stonner, ebd. Das führte verständlicherweise zu einem Gerangel der Kinder, das von obenher mit einem Wasserguß beantwortet wurde, so daß der Brauch – wohl auch wegen anderer »Delikte« (vgl. Anm. 8) – schließlich verboten wurde.
Nach Henrichs, Kult und Brauchtum im Kirchenjahr, Düsseldorf 1967, wurden in einigen Kirchen auch brennende »Wergflocken« (als Abbild der Feuerzungen) in den Kirchenraum geschüttet.

10 Veit/Lenhart, 155.

den Tauferzählungen Jesu (Mk 1,9–11 par) zum gültigen Symbol des Heiligen Geistes.[11] Dadurch war der Weg frei für die Darstellung des Pfingstgeistes als Taube. Nun hat die Taube in der Antike und im Judentum gewiß Symbolwert.[12] Sie war Symbol der Sanftmut (weil ihr nach den antiken Schriftstellern die Galle fehlte) und der bräutlichen Liebe. Sie galt als Seelenvogel und (vor allem nach Gen 8,10f) als Symbol des Friedens. Vielleicht ist solche Symbolbedeutung in Mk 1,9–11 mitzulesen. Andererseits schwebte der Geist »*wie* eine Taube« auf Jesus herab; das will sagen: was hier auf Jesus herabkommt, ist (in unserer vor dem Mysterium versagenden Sprache) am ehesten mit einer Taube vergleichbar, ohne real eine Taube zu sein.

Es liegt nahe, sich durch die Ursymbole des Windes (Sturmes, Atems), des Lichtes (Feuers) und des Wassers der Wirklichkeit des Geistes zu nähern.[13] Pfingstfeuer etwa können den Pfingstgeist weitaus besser näherbringen als geschnitzte (oder gar lebendige) Tauben . . .

b) Pfingstfeuer sind jedoch meines Wissens nur in Österreich bekannt. Nach Geramb werden sie »am Vorabend des Pfingstsonntags im Viertel unterm Manhartsberge in Niederösterreich als ›Heiligengeistlichter‹ entzündet. Auch im Steirischen Unterlande . . . sind sie Brauch«.[14]

[11] H. u. M. Schmidt, Die vergessene Bildersprache christlicher Kunst, München [2]1982, 111; und LCI 2/228.

[12] Vgl. vor allem Ph. Rech, Inbild des Kosmos I, Salzburg–Freilassing 1966, 280ff.

[13] Vgl. das große Chorfenster der St. Kilianskirche in Schweinfurt (Meistermann).

Solche Feuer könnten – als Licht und Wärme in der Nacht – das Wirken des Geistes sinnenfällig machen.[15] Wenn der Wind (Sturm) die Funken aufstieben läßt, ist die Symbolik von Wind und Sturm gegenwärtig. Der Tanz um das Feuer verweist auf die Lebenskraft des Geistes und auf die Freude des Festes ...[16] Andererseits wären Meditationen am Feuer sinnvoll.

Wo in christlichen Gemeinden Johannisfeuer (in Berggemeinden oft auf den Gipfeln der Berge) nicht üblich sind, sollte durchaus der Brauch von Pfingstfeuern belebt (oder initiiert) werden.

c) Da Ostern und Pfingsten die beiden Tauftermine der alten Kirche waren, wurde in der Pfingstliturgie auch das *Pfingstwasser* geweiht. Liturgisch ist der Brauch (zu Recht) zum Osterfest abgewandert, so

14 A.a.O., 90. Vgl. Stonner, 32f. Nach Geramb steigt man im Ybbstal am Pfingstmorgen auf die Berge, um den Heiligen Geist anzurufen. Man nennt diesen Brauch dort das »Heilige-Geist-Fangen« (ebd.).

15 Es soll nicht geleugnet werden, daß der Brauch des Pfingstfeuers alten Frühlingsriten entstammt (Sonnensymbolik). Aber bei allen Bräuchen, die sich erhalten haben oder neu belebt werden, ist eine neue Sinngebung nötig und geboten. Sonst würde es kein *lebendiges* Brauchtum geben.

16 Interessant ist hier ein Hinweis, den J. H. Schmitz (freilich für die Mitte des vorigen Jahrhunderts) auf Bräuche an der Ahr gibt. Dort »... wird an allen Sonntagen während des Maies eine ›Krone‹ von ausgeblasenen Eiern, Rauschgold und Blumen im Ort ausgehangen, um welche die Jugend unter Absingung alter Reimsprüche und Lieder bis spät in die Nacht herumtanzt. Pfingsten schwebt eine hölzerne Taube in der Krone« (zitiert nach Dettmann/Weber, 73). Die alte Feuer/Licht-Symbolik ist verlorengegangen.

daß eine Weihe des Pfingstwassers kaum mehr üblich ist.[17]

»Wasserbräuche« haben sich jedoch zur Pfingstzeit erhalten.[18] So das »Wasservogel-Singen« im Bayerischen Wald (und gelegentlich in Niederbayern): Junge Burschen verkleiden sich, singen an den Pfingsttagen vor der Tür der Bauernhöfe (wobei religiöse Strophen mit profanen wechseln), erheischen Gaben und werden überall mit Wasser überschüttet. Geschieht das nicht, so erinnern die Sänger die Bauern daran: »D' Wasservögel muaß ma giaß'n,/sonst taat's uns ja vadriaß'n ...«[19] Solches Überschütten mit Wasser wird auch im Zusammenhang mit dem »Pfingstschwanzfahren« in der Oberpfalz erwähnt.[20]

In Sulz und Gansingen (Aargau) gibt es den sogenannten »Pfingscht-Sprützling«, einen Oberschüler, der – ganz in Buchenlaub gehüllt – von Brunnen zu Brunnen des Dorfes geht, seine belaubten Arme ins Wasser taucht und die Dorfbewohner (vor allem die Mädchen) anspritzt. Wer naß wird, hat sich »außergewöhnliche Fruchtbarkeit ergattert«.[21] Vielleicht sollen hier Vegetationsdämonen gebannt werden.

17 Stonner, 191.

18 Vgl. Bächtold-Stäubli, Handwörterbuch des Aberglaubens V, Stichwort ›Pfingstwasser‹, 1702f und ›Pfingsttauf‹, 1701f, sowie ›Pfingsttau‹, 1700f.

19 E. Mayer, Wasservogel-Singen, in: Sänger- und Musikantenzeitung, 27. Jg., Heft 3. Vgl. auch Schönfeldt, 159.

20 Oberpfalzverein, 43ff.

21 Das Jahr der Schweiz, 189f; vgl. Schönfeldts Ausführungen zum »Grünen Jungen« oder zum »Laubmännchen«, a.a.O., 159.

Pfingstfeuer

Sicher hängt der Brauch mit der uralten Symbolik des Wassers und des Baumes zusammen.
Es muß offenbleiben, wieweit in den beschriebenen Feuer- und Wasserbräuchen untergründig der Gedanke der Reintegration = Untergang und Wiedergeburt der Welt im Feuer (Weltbrandmotiv) und im Wasser (Sintflutmotiv) mitschwingt. Sicher steht dieser uralte Gedanke hinter vielen Frühjahrsbräuchen. Jedenfalls wäre eine Reflexion über solche Bräuche anhand des pfingstlichen Leitwortes sinnvoll:

Sende aus deinen Geist,
und alles wird neu geschaffen. –
Das Antlitz der Erde wirst du erneuern . . .

d) Bis heute werden überall die Kirchen zum Pfingstfest mit frischem Grün, *»Maien«* geschmückt. Auch hier sind wohl dem Festtag alte Frühlingsbräuche integriert worden.[22] Aber auch hier könnte im üppigen Schmuck des kirchlichen Raumes dieser wieder ein Stück alter Tradition zurückgewinnen: Abbild des endgültigen Reiches Gottes, des neuen Jerusalem, der »beata pacis visio« zu sein, wie etwa die Langhäuser vieler Dome, z. B. des Aachener Münsters.
Der »Pfingstbuz« in Schwaben oder der »Pfingstquack« in der Pfalz dürften Verkörperungen alter Maienbräuche sein, die sekundär mit dem Pfingstfest verbunden wurden. Die in grüne Reiser und Zweige

[22] Gelegentlich haben protestantische Pfarrer ihre Kirchen zu Himmelfahrt und Pfingsten mit »Maien« schmücken lassen, wohl um ein Gegengewicht gegen den Fronleichnamstag (und Fronleichnamsschmuck) zu haben. (O. Schmidt, mündlich.)

eingebundenen jungen Männer sind wohl »Personifikationen des Wachstumsvorgangs«, eine Kultsymbolik in Form eines Spiels, das den Sieg des Sommers über den Winter bedeutet.[23]
Viele andere Pfingstbräuche: Umritte[24], Ringstechen zu Pferde[25], Pfingstschnalzen und Pfingstschießen[26] sind ebenfalls sekundär mit Pfingsten verbunden worden. Den geschmückten »Pfingstochsen« mag noch ein uraltes Wissen von der Schlachtung als einer feierlichen Opferhandlung umgeben.[27] In manchen Gegenden gehört er wohl auch, wie das geschmückte Vieh überhaupt, zu den Resten alter Weidebräuche.[28]

Neben der Belebung des Pfingstfeuerbrauchs, des besonders reichlichen Schmückens der Kirchen und der Häuser, auch der Reflexion der vorhandenen »profanen« Pfingstbräuche, sollte an Pfingsten alles

23 J. Hofbauer, Ostbayern, Regensburg 1980, 290. Vgl. auch den »Pfingstl« in einigen Orten des Bayerischen Waldes (St. Englmar).

24 Wie etwa der Pfingstritt in Kötzting/Bayer. Wald.

25 Schönfeldt, 158f.

26 Geramb, 89; vgl. Schönfeldt, 162f. Vgl. das »Pfingsttuschen« am Pfingstmontag in St. Englmar/Bayer. Wald.

27 Nach Bächtold-Stäubli wurde gegen Pfingsten ein Ochse durch die Straßen geführt, namentlich an den Häusern der Kunden des Schlächtermeisters, dem er gehörte, vorbei, um dann zum Fest geschlachtet zu werden. Der Ochse war reich mit Bändern und Kränzen geschmückt und erhielt aus den Häusern bunte Taschentücher, die an seinem Horn befestigt wurden. (»Geschmückt wie ein Pfingstochse«) . . . (V, 1695).

28 Bächtold-Stäubli, V, 1696 und Schönfeldt, 163.

gepflegt werden, was der charismatischen Erneuerung der Gemeinde dient. Gedacht ist dabei an Nachtwallfahrten, die in einer Liturgie, einer Meditation, einem Nachtgebet ... ihren Höhepunkt finden und in einem Pfingstfeuer mit Tanz enden könnten.[29] Die Pfingstwoche – in Norddeutschland sollte mit Nachdruck nach Pfingsten wieder eine Ferienwoche verlangt werden – könnte Einkehrtagen dienen, die in Meditation, Gebet, Spiel, Feier, Tanz ... Wege zur charismatischen Erfahrung, nicht zuletzt über die Kreativität der einzelnen, eröffnen. Es wäre zu überlegen, ob nicht an den Abenden der Pfingstwoche Vorträge und Meditationen zur charismatischen Erneuerung gehalten werden sollten, die in einem Gemeindeabend enden könnten.

Sicher aber sollten das Pfingstfest und die Pfingstoktav in den Dienst der Weltmission gestellt werden. Tagungen, die den Missionsgedanken vertiefen; Treffen junger Christen aus allen Teilen der Weltkirche sind hier ebenso gemeint wie die Auseinandersetzung mit der Gestaltung von Eucharistiefeiern in allen Kirchen der Kontinente oder dem Leben der uns fremden Christen in ihren Gemeinden. Das Wehen des (Pfingst-) Geistes könnte so neu erfahren werden.[30]

29 »Frühschichten« wären in der Pfingstoktav von besonderer Wichtigkeit.

30 Es muß abgewartet werden, welch neues Brauchtum sich aus solcher Akzentsetzung entwickelt.

3 Das Brauchtum des Fronleichnamsfestes

3.1 Theologie und geschichtliche Entwicklung des Festes[1]

Die Urkirche feierte die Eucharistie als Herrenmahl und Brudermahl. Eine Verehrung des verwandelten Brotes außerhalb der Liturgie war im ersten Jahrtausend der Kirche unbekannt. Als im Mittelalter die Liturgie immer mehr zum »heiligen Drama« wurde, als das Volk immer mehr schauen, sinnenfällig verehren wollte, wurde der Boden für eine Andachtsfrömmigkeit bereitet, in deren Mittelpunkt die Monstranz mit dem verwandelten Brot rückte. Reaktionen auf die verbreiteten Irrtümer des Berengar von Tours (der die reale Verwandlung von Brot und Wein geleugnet hatte) mögen solche Tendenzen verstärkt haben.

In solcher Situation hatte Juliane von Lüttich, 1209, ihre Gesichte von der Scheibe des Vollmonds (= der Kirche), in der ein dunkler Fleck das Fehlen eines Festes zu Ehren der Eucharistie anzeigte. 1246 ordnete der Bischof von Lüttich (auf Drängen Julianes) die Einführung eines solchen Festes für seine Diözese an. Papst Urban IV. schrieb das Fest für die ganze

1 Vgl. LThK 4, Sp. 405f.

Kirche vor (1264); aber erst Papst Johannes XXII. gab ihm allgemeine Geltung in der Kirche (1317). In Deutschland setzte sich der Name »Fronleichnam« schon bald durch (Vron, Fron = Herr, heilig, hehr; Lichnam = lebender Leib). Im Hinblick auf den Gründonnerstag, als den Tag der Einsetzung der Eucharistie, wurde ein Donnerstag als Festtag gewählt: in Lüttich (etwa bis 1264) der Donnerstag nach der Oktav des Dreifaltigkeitsfestes, in Rom der Donnerstag nach der Pfingstoktav. Heute ist dieser Tag in der gesamten Kirche der Tag des Fronleichnamsfestes.

3.2 Das Brauchtum des Festes

Der einzige Brauch des Festes[2] ist die Fronleichnamsprozession, die in bunter Vielfalt im ganzen deutschen Sprachraum begangen wird.

[2] Früher waren Fronleichnams-Spiele sehr beliebt, die offenbar aus der Fronleichnamsprozession hervorgingen (LThK 4, 406). Vgl. etwa: G. Milchsack, Egerer Fronleichnamsspiel (Heidelberg 1881) und A. Schumann, Das Künzelsauer Fronleichnamsspiel.
Überhaupt war die Fronleichnamsoktav wohl eine bekannte Spielzeit. Erinnert sei hier an die Begegnung Don Quichotes mit dem Karren voll verkleideter Schauspieler, die am »8. Corpustage« ihr »Auto vom Reichstag des Todes« an verschiedenen Orten aufführten (VII, 4).

3.2.1 Die Geschichte der Fronleichnamsprozession

In Köln ist eine Prozession am Fronleichnamstag schon 1277 nachweisbar, in Benediktbeuren 1286[3], in Würzburg 1298[4]. Im 15. Jahrhundert wird es dann üblich, an vier Stellen (vor aufgebauten Altären) anzuhalten, die Evangelienanfänge zu singen und den Segen nach allen Himmelsrichtungen zu erteilen, ein Brauch, der erst 1820 von Rom gebilligt wird.[5]
Prozessionen, Wallfahrten sind uralt. Die Juden des AT zogen gemeinsam zu den örtlichen Heiligtümern, später dreimal im Jahr zum Tempel nach Jersualem.[6] In feierlicher Prozession trägt David die Bundeslade nach Jerusalem. Die Urkirche wallt an den Festtagen

3 LThK 4, 406.

4 Stonner, 87.
Es muß allerdings gesagt werden, daß bei solchen Prozessionen zwar Kreuze, Bilder und Reliquien der Heiligen mitgeführt wurden, kaum aber das Sanctissimum. »Theophorische Gänge« gab es nur als Versehgänge. Die Festfeier des Fronleichnamsfestes kannte zunächst nur die Eucharistiefeier zu Ehren der »Coena Domini«. Vielleicht gab es dabei auch Umgänge in der Kirche. »Wann und wo man anfing, die konsekrierte Hostie, allerdings verhüllt, mitzutragen, wird . . . kaum festzustellen sein.« Manche der für eine theophorische Prozession angeführten Quellen sprechen von *Versehgängen*.
Um 1400 hatten die meisten deutschen Städte ihre Fronleichnamsprozession – mit *verhülltem* Allerheiligsten (Veit/Lenhart, 176).

5 Rom kannte seit 1600 einen (nicht unterbrochenen) Umgang, den Gesänge begleiteten und der mit dem priesterlichen Segen abgeschlossen wurde.

6 Die drei Wallfahrtsfeste waren das Pessachfest, das Schawuot- (Wochen-) Fest und Sukkot (Laubhüttenfest).

zu den Orten der Erinnerung des Herrenlebens. Die Prozessionen erhalten sich, finden in der Gotik einen Höhepunkt und werden im Barock besonders gepflegt. Abraham a S. Clara verteidigt das Wallfahren[7]: »Es ist zwar allenthalben gut beten, dann sogar das Gebet des geduldigen Jobs auf dem Misthaufen war eines guten Geruchs gegeben. Gleichwohl aber hat der allerhöchste Gott Ihme und seinen Heiligen etliche Ort sonderlich erkiesen, allwo er forderist denen dürftigen Adams/Kindern seine Gnaden zu spendieren entschlossen.« Er empfiehlt die Prozessionen, die »Gebett-Gänge«, »öftere Umbgäng«, da das Gebet kräftiger und wirksamer sei, wenn die ganze Gemeinde öffentlich betet, Obrigkeit und Untertanen die Knie beugen und Junge und Alte zusammen »die Stimm und Händ« zu Gott erheben, als wenn nur »einer in der Gemein gen Himmel seufzet und an der Gnaden-Porten anklopft«.[8]
Von hier aus wird die Beliebtheit der Wallfahrten deutlich, wobei die Symbolik des Lebensweges (s. u.) ebenso gegenwärtig ist wie die Symbolik jenes Weges, auf dem das Volk Gottes unterwegs ist zur Stadt der Endzeit, zum neuen Zion.
Freilich wurde in der Spätgotik, vor allem aber im Barock, die Prozession burlesk ausgestaltet. Veit/Lenhart schildern eine Prozession in Mainz, in der neben allen Zünften und Ständen der Stadt unzählige

7 Er leitet es von »waldfahren« ab und erklärt es mit der frommen Sitte der Altgermanen, in dichten Wäldern zu opfern (Veit/Lenhart, 174). »Wallen« dürfte etymologisch jedoch mit »Wedel« wurzelverwandt sein in der Bedeutung: umherschweifen, unstet sein . . .

8 Veit/Lenhart, 175.

Wallfahrt zum Grab des Apostels Matthias in Trier

Gestalten des Alten und Neuen Testamentes auftraten und in der Szenen der Heilsgeschichte vor Augen geführt wurden.[9] Engel und Teufel waren beliebte Darstellungen. In Freiburg wurde die Fronleichnamsprozession von geschwänzten Teufeln eröffnet und beschlossen,[10] in der Mainzer Prozession von 1613 schritten dagegen die neun Engelchöre vor dem Allerheiligsten her, und Scharen anderer Engel warfen Blumen auf den Weg.
Kein Wunder, daß bald Derbheiten nicht ausblieben. So wurde in einer Münchener Prozession die Hölle

9 A.a.O., 84f.
10 A.a.O., 85.

dargestellt. Derb-komische Teufelsgestalten saßen auf einem Wagen und bewarfen die Zuschauer mit Mist. Der Heilige Georg stach auf einen mit Ochsenblut gefüllten Papierdrachen derart ein, daß das »Blut« nur so herumspritzte. Überhaupt waren Tanz und derbe Unterhaltung häufig, wobei sich die Tänzer offenbar auf den Tanz König Davids vor der Bundeslade beriefen ...[11]

3.2.2 Fronleichnamsprozession heute

Nach einer Zeit des Niederganges in der Aufklärung wurden die Fronleichnamsprozessionen vor allem im Kulturkampf und später in der Nazizeit zur »demonstratio catholica«. Heute ist eine Krise des Selbstverständnisses nicht zu übersehen. Während an vielen Orten die Prozessionen noch in traditioneller Weise gehalten werden, experimentieren andere Gemeinden, um eine gültige Form solchen Umgangs zu finden.
Sicher hat die Fronleichnamsprozession bis heute einen hohen Stellenwert – vor allem in traditionsbewußten ländlichen Gemeinden. Ihre religiös-christliche Funktion ist ebenso unumstritten wie ihre gesellschaftliche. Das Schmücken der Kirche, der Segensaltäre, der Straßen und der Häuser kann die Verehrung des Herrn der Eucharistie wecken und vertiefen. Die christlichen Vereine können neu erfahren, daß sie zum Dienst vor dem Herrn gegründet wurden und fortbestehen.

[11] Veit/Lenhart, 86.

Dennoch bleibt ein Unbehagen (nicht zuletzt bei der jungen Generation), das viele Wurzeln hat. Einige sind zu nennen und zu bedenken:

a) Die Kyrios-Frömmigkeit der letzten Jahrzehnte führte zu einer Rückbesinnung auf das Zentralmysterium der Kirche: die Eucharistie. R. Guardinis Wort »Die Kirche erwacht in den Seelen« basierte auf der neuen, vertieften Feier des Herrenmahles. Die Jugendbewegung empfing ihre entscheidenden Impulse von dieser Feier her. Demgegenüber trat die Andachtsfrömmigkeit stark zurück. Die Andachten an den Sonntagnachmittagen waren kaum besucht und wurden abgesetzt (bis auf die Kreuzwegandachten der Fastenzeit, die Mai-Andachten und die Andachten im Rosenkranzmonat). Zwangsläufig geriet auch die Fronleichnamsprozession in eine Krise.

Nun ist ohne Zweifel alle Andachtsfrömmigkeit sekundär gegenüber der Eucharistiefeier: Die Feier des Herrenmahles, in dem Tod und Auferstehung des Herrn gegenwärtig gesetzt werden, ist wichtiger als Andachten, Gebetsstunden vor ausgesetztem Allerheiligsten ... Und sicher kann ich auch beten, meditieren, ohne den Herrenleib in einer Monstranz vor Augen zu haben. Aber warum sollten wir einer Verarmung der Frömmigkeitsformen das Wort reden, vorausgesetzt, daß eine eucharistische Frömmigkeit nicht mit der Andachtsfrömmigkeit vermischt wird (wie früher bei der Messe »vor ausgesetztem Allerheiligsten«), und daß solche Andachtsfrömmigkeit sich bewußt bleibt, daß sie aus der Eucharistie lebt und in sie einmünden muß?

b) Gehört nicht das Prangen (die kostbare Monstranz, der »Himmel«, die Priestergewänder, die Uniformen

der Vereine . . .) verbunden mit Liedern, die den glorreichen Sieg der Kirche über all ihre Feinde feiern (»Ein Haus voll Glorie schauet . . .«), zu einer »theologia gloriae«, die – nicht zuletzt angesichts zweier Weltkriege mit all ihren Greueln, der weltweiten (atomaren) Bedrohung der Völker, der Umweltkrise – längst einer »Theologie des Kreuzes« gewichen ist, in deren Mitte das (scheinbare) Scheitern des Herrn steht, so daß auch die Kirche immer Kirche unter dem Kreuz ist? Ist unsere heutige Prozession noch adäquater Ausdruck unseres Glaubens?
Aber: gibt es eine Theologie des Kreuzes ohne die Theologie des auferstandenen und erhöhten Herrn? Und: hat alle »Pracht« der Prozession nicht ihre Mitte im *gebrochenen* Herrenleib, von dem sie ständig ins Maß gesetzt wird?
c) Ist nicht die Segnung der Fluren fragwürdig geworden? Nicht nur wegen der (weithin banalen) Meinung, Wachsen und Gedeihen der Feldfrüchte hingen von naturwissenschaftlichen Gegebenheiten ab, sondern mehr noch wegen der Gefahr, die bedrängenden Fragen von Zerstörung und Rettung unserer Umwelt vorschnell auf Gott und seinen Segen abzuschieben?
Aber: bleibt es nicht auch heute unumstößliche Wahrheit, daß an Gottes Segen »alles gelegen« ist? Ist es nicht jetzt notwendiger denn je, daß wir unser Dasein und unsere Welt als *verdanktes* Sein erfahren? Und ist es für die Prediger so schwer, darauf hinzuweisen, daß Gottes Segen kein Alibi für unser fehlendes Engagement sein kann, daß wir Verantwortung tragen für die Schöpfung, die wir Gott verdanken?
Es wäre gewiß falsch, Fronleichnamsprozessionen

Bootsprozession auf dem Staffelsee bei Murnau/Obb.

abzuschaffen in einer Zeit, in der die Beliebtheit von Wallfahrten (wieder) steigt, in der die Gläubigen ihrem Glauben sinnenfälligen Ausdruck verleihen möchten. Wir haben ja den Sinnen wieder Raum gegeben in unserer Liturgie und unserem Leben, der Farbe, der Feier, dem Tanz, nachdem wir jahrzehntelang an der menschlichen Eigenart, in den Sinnen behaust zu sein, vorbeigegangen sind.[12]

12 Über die vielfältigen Formen der Fronleichnamsprozession im deutschen Sprachgebeit orientiert gut (mit vielen farbigen Wiedergaben) Allianz, Alte Feste, frohe Bräuche, Ostfildern 4 (Kemnat) 1984; 79, 193f u. ö. Dazu: Artemis, Das Jahr der Schweiz, 193–203.

3.2.3 Neue (alte) Sinngebung

a) Es müßte deutlich werden, daß die Prozession sich aus der eucharistischen Feier entwickelt hat oder in sie einmündet. In Städten sollte der (oft geübte) Brauch Raum greifen, von der zentral gefeierten Eucharistie aus sternförmig in die Gemeinden zu gehen (singend, schweigend, meditierend), um dort nach dem feierlichen Segen in die Häuser entlassen zu werden; oder nach einer Statio in der Gemeindekirche zur zentralen Eucharistiefeier zu »wallen«.
In einer Eifelgemeinde wird in feierlicher Prozession das Evangelienbuch zum Ort der gemeinsamen Eucharistiefeier getragen. Nach dem zentralen Gottesdienst ist die Monstranz die Mitte der Prozession.
b) Der Umgang sollte wieder als Sinnbild unseres Lebensweges (im großen Zug des Volkes Gottes zur ewigen Stadt) gesehen werden. Sinn dieses Lebens ist die Nachfolge des Herrn in der Eucharistie. Wir folgen dabei dem Herrn, der seinen Leib für uns zerbrechen ließ, der sein Blut für uns vergoß – in der totalen Ohnmacht, in der totalen Liebe für uns und die Welt. Wir bejahen in dieser Prozession unseren Weg der Machtlosigkeit; die Aufgabe des Ruhms, der Ehre, der Karriere; wir bejahen unseren Weg des Dienstes; wir bejahen, daß der letzte Sinn unseres Lebens und unserer Liebe nur der sein kann, uns »kreuzigen zu lassen für die anderen«. Erst von solcher Sinngebung aus können wir zur Freude des Festes, zur Pracht der Gewänder vorstoßen. Der so verstandene Weg endet ja in Herrlichkeit, die im »Vorschein« unter uns sichtbar wird.

Prozession mit dem Evangelienbuch in Schleiden

c) Der Segen über die Fluren sollte uns lehren, daß unser Leben ein radikal *verdanktes* Leben ist, daß wir radikal (und »letzten Endes«) von Gott abhängen. Die Bitte: »Unser täglich Brot, das für den morgigen Tag, gib uns heute . . .« ist ja nicht Geschwätz, sondern das Wissen, daß alles in Gottes Händen ruht, der gibt und nimmt, wann und wie er will.[13] Darüber hinaus sollte uns der Segen (mit dem Flurumgang) daran erinnern, daß Gott eine heile, menschenwürdige Schöpfung will (siehe Gen 1 und 2) und daß uns im »Herrschaftsauftrag« (Gen 1,26ff) die Sorge für diese Welt aufgetragen wurde, damit wir sie gemäß der göttlichen Schöpfungsordnung gestalten und dem ersehnten kosmischen Frieden entgegenführen.

Lieder, Texte der Prozession, vielleicht auch manche überkommene Formen werden sich von solchem Ansatz her wandeln – die Prozession sollte (und wird) wie alle Wallfahrt bleiben.

[13] In einigen deutschen Landschaften nahmen die Teilnehmer der Prozession gern einige Zweige der Birken, welche die Segensaltäre schmückten, oder einige der Altarblumen mit nach Haus, um sie dort – gelegentlich zu Kränzen gebunden – zum Schutz des Hauses (vor allem gegen Sturm und Gewitter) aufzuhängen. In der Überzeugung, daß vor allem *die* Pflanzen »Macht« haben, die in der Nähe der Monstranz standen, mischen sich (tiefer) Glaube und Aberglaube.

Fronleichnamsprozession in Oberbayern

4 Das Brauchtum des Festes Johannes' des Täufers

4.1 Zur Theologie des Festes

Johannes, mit dem Beinamen »der Täufer«, war eine der großen Gestalten des Judentums, die durch ihre asketische Lebensweise (in der Wüste), ihre Predigt vom kommenden Reich Gottes und der Notwendigkeit der Umkehr eine gewaltige Resonanz im jüdischen Volk fanden (Mk 1,1–7). Die von ihm gespendete »Taufe der Umkehr zur Vergebung der Sünden« (Lk 3,3), die mit einem öffentlichen Sündenbekenntnis verbunden war (Mt 3,6), machte dem gläubigen Volk seine Erlösungsbedürftigkeit bewußt.
Johannes erwartete das Kommen des Reiches (des Messias) als Gericht über alles Böse und Sündige (Mt 3,7 ff par). Ein »reines Volk« werde von Gott geschaffen werden.
Die junge Kirche verstand Johannes als den Vorläufer Jesu. Danach sah er sich selbst als Wegbereiter des Christus (Joh 1,19–24) und wies auf das kommende »Lamm Gottes« hin (Joh 1,29–34). Von Geburt an war er auf Jesus hingeordnet (Lk 1 und 2), wobei nicht auszuschließen ist, daß Lukas in seinem »Kindheitsevangelium« aufzeigen wollte, wie sehr Jesus den Johannes überragte (»Überbietungsmotiv«). Das Selbstzeugnis des Täufers »Er (Jesus Chri-

stus) muß wachsen – ich aber muß abnehmen« (Joh 3,30) gibt seinen Stellenwert in der Theologie der Urkirche an.

4.2 Das Datum des Festes und seine (theologische) Bedeutung

Im Gegensatz zu fast allen Heiligen (eine Ausnahme bildet die Gottesmutter) wird bei Johannes neben dem Sterbetag (29. 8.) vor allem der Geburtstag gefeiert, und zwar am 24. Juni. Es ist umstritten, wie es zur Festlegung dieses Datums kam. Die einen glauben, dieses Datum aus den biblischen Daten erklären zu können: Da Johannes – nach Lk 1,36 – 6 Monate älter als Jesus war, legte die Kirche seinen Geburtstag (vom Weihnachtsfest ausgehend) auf den 24. Juni. Nach Schönfeldt legte man das Fest auf dieses Datum, weil auf diese Weise der Mittsommertag, »das uralte Fest der Germanen, der Kelten und der Sklaven« (Slawen? d. V.) eine christliche Deutung bekam.[1] Nach v. Geramb war dieses »Volksfest« bei der Übernahme des Christentums durch die germanischen Völker »so tief und kraftvoll entwikkelt, daß die Kirche um seinetwillen den Tag Johannes' des Täufers auf den altdeutschen Sonnwendtag . . . und die Vigilia Sti. Johannis Bapt. in die Nacht vom 23. auf den 24. Juni verlegte. Nicht der Kirchenkalender, sondern das Volk hat diesen Tag bestimmt.«

Geramb weist aufgrund umfassender Forschungen

[1] Schönfeldt, 181.

nach, daß »von den ältesten schriftlichen Nachrichten bis herauf ins 19. Jahrhundert ... bei *allen* germanischen und deutschen Stämmen *nur* der Abend und die Nacht vom 23. auf den 24. Juni« als Mittsommertag und Sonnwendnacht galt, in der die Sonnenwendfeuer entzündet wurden.[2]
Beide Gedanken – die Christianisierung (»Taufe«) der Sonnenwendnacht und die Übernahme biblischer Daten – dürften für die Festlegung des Johannistages durch die Kirche von Bedeutung gewesen sein. Sicher ist, daß der »Mittsommertag«, an dem die Sonne ihren höchsten Punkt erreicht hat und alle Kräfte des Lichtes und des Feuers ihre größte Intensität haben, an dem aber auch das Dunkel wieder zu wachsen beginnt und der winterliche Tod sich im blühendsten Leben festkrallt, für das Volk eine kaum zu unterschätzende Bedeutung hatte.
Sicher ist jedoch auch, daß die Kirche sich bei der Festsetzung der Daten ihres Kirchenjahres stark von biblischen (oder überlieferungstheologischen) Daten hat leiten lassen.

4.3 Das Brauchtum des Festes

Vom Brauchtum berichtet Geramb: »Die ganze Zeit zwischen jenen genannten Vortagen und dem eigentlichen Sonnwendtag (Johannistag, 24. Brachmonat) ist von der Zauberkraft all der holden und unholden

2 Geramb, 108 ff.

Geister erfüllt, die den Hochstand der Sonne begleiten. Hühneropfer, Kulttänze und Kultfeuer, Opferspeisen und Opferfrüchte haben sich in mannigfachen Restformen in den verschiedenen Ländern bis heute in diesen Tagen erhalten. Auch Hirtenfeste als Überbleibsel eines sehr alten Hirtenmahles zur Mittsommerzeit sind in einigen Gegenden nachzuweisen, und vor allem spielt die um diese Zeit aufs höchste blühende Kraft verschiedener geheimnisvoller Kräuter (namentlich des Farrenkrautes und des Johanniskrautes[3]) überall eine große Rolle im Volksglauben. Im allgemeinen herrscht in der Sommersonnenwende die heitere Stimmung vor, die Freude am Gedeihen und Wachsen der Feldfrüchte. Doch sind auch blasse Spuren einer Seelenverehrung und Opfergebräuche gegen Wassergeister erkennbar. Im Mittelpunkt aber steht das Sunnawend- oder Johannisfeuer, das Heils- und Reinigungsfeuer für Mensch und Tier.«[4] Zauber, Magie waren allgegenwärtig in dieser Nacht. Wer durch das Feuer sprang, bannte das Unheil und die Krankheit; Paaren wurde Fruchtbarkeit zuteil. In dieser Nacht »öffnen sich im Märchen die Berge; Elfen und Zwerge treiben ihr Wesen und verraten verborgene Schätze, verwunschene Jungfrauen kommen in der Mittagsstunde . . . Erlösung zu finden, in den Seen hört man versunkene Glocken läuten, man kann die geheimnisvolle Wünschelrute finden, kann

3 Vgl. die Ausführungen zum »Johannis-Kraut« im folgenden Kapitel. Holunderblüten müssen – um als Arznei wirksam werden zu können – am »Johannistag mittags 12 Uhr« gepflückt werden (Becker, 117). Vgl. auch Anm. 32 des folgenden Kapitels.

4 Geramb, 108.

die Sprache der Tiere verstehen, und Liebenden wird auf jeden Fall geholfen.«[5]

Aus den alten »Notfeuern« (althochdeutsch: Notfyr), die von Fall zu Fall, etwa bei Viehseuchen[6], entzündet wurden, entstanden – als die germanischen Völker zu festen Lebensordnungen kamen – »alljährlich festgesetzte, regelmäßig wiederkehrende Notfeuer«,[7] zu denen auch das Sonnenwendfeuer gehörte. Trieb man beim alten Notfeuer nur das kranke Vieh durch das Feuer oder um die Flammen, so geschah es nun vorbeugend auch mit dem gesunden Vieh, ein Brauch, der sich in Polen bis in die Neuzeit erhalten hat.

Aus solchen Sonnenwendfeuern erwuchs wohl der weitaus bekannteste Brauch[8] des Johannistages: das

5 Schönfeldt, 181.

6 Vgl. Christliches Brauchtum, 132ff; siehe Becker, 326ff.

7 Geramb, 111f.

8 Gelegentlich hat das Fest auch »Wasserbräuche« an sich gezogen, so etwa das Brunnenfest in Wunsiedl (Fichtelgebirge). Alle 26 Brunnen der Stadt sind mit ornamentalen und bildlichen Motiven aus Blumen und Blüten geschmückt. Einheimische und Besucher ziehen mit der Musikkapelle, die an jedem Brunnen ein Lied spielt, von Brunnen zu Brunnen. »Am Abend leuchtet der Blumenschmuck im Schein unzähliger Kerzen und Lampions.« (Alte Feste . . ., 52f) Gewiß hat ein solches Brunnenfest reale Hintergründe: die notwendige Reinigung der Brunnen im Frühjahr und die alte Chronik, nach der es 1766 einen so trockenen Sommer gab, daß die Brunnen kein Wasser mehr spendeten. Erst am Tag des Täufers kam das Wasser (wohl nach einer legendenhaften Überlieferung) zurück. Ob hier eine Verbindung mit der Taufe des Johannes im Jordan besteht, muß dahingestellt blei-

Johannisfeuer[9], das in der Nacht vom 23. zum 24. Juni auf den Höhen der Berge, am Stadt- oder Dorfrand oder in den Städten selbst abgebrannt wird – ein Brauch, der sich vielerorts erhalten hat oder neu belebt wurde.
In diesen Sonnenwendfeuern sollte wohl die Lebenskraft der zuhöchst stehenden Sonne Mensch und

ben. Das Alter des Brauches (erstmals 1833 erwähnt durch ein Verbot des Schmückens, das den Brunnen verunreinige), ist unbekannt.
Schönfeldt berichtet von »Brunnenfesten«, die am Johannistag »früher die kleinen Gemeinden am Rhein« zusammengeführt hätten (182). Nach dem Zeugnis Brentanos (»Des Knaben Wunderhorn«) wurden an diesem Tag die Brunnen gereinigt und neue Brunnenmeister gewählt, was mit einem kleinen Fest verbunden war. »Dann ziehen Kinder in der Nachbarschaft herum, sammeln Eier, die sie in einem mit Feldblumen geschmückten Korb auf Blätter legen und sich abends zum eigenen Feste backen lassen. Diese Brunnenfeste hat es schon im 15. Jahrhundert gegeben, und jede Gegend hatte bestimmte Brunnenlieder« (Schönfeldt, 182). Auch hier dürften sich alte (natürliche) Gepflogenheiten mit christlicher Sinngebung (Wassersymbolik) verbunden haben.
Das Fest zog jedoch auch andere Wasserbräuche (wegen der Taufe des Johannes) an: die Segnung von Quellen, Flüssen und Teichen ebenso wie die Waschungen mit dem (an diesem Tage) heilkräftigen und glückverheißenden Wasser. So erlebte Petrarca 1337 eine solche Waschung in Köln (Veit/Lenhart, 159).
Eigenartigerweise galt der Johannistag in der Pfalz (auch) als Unglückstag. Von jedem Wasser glaubte man, daß es an diesem Tag ein Opfer fordere, der Schwarzbach bei Zweibrücken (als keiner »Minotaurus«) sogar zwei (Bekker, 328).

9 In der Steiermark hieß das Feuer: Sunnwendhansl-Frohfeuer (Geramb, 128).

Tier, und nicht zuletzt der bevorstehenden Ernte, zugewendet werden; die Sonne sollte wohl auch magisch beschworen werden, sich nicht von der Erde zurückzuziehen, nachdem Dunkel und Kälte bald wieder zunehmen würden.

Viele »Feuerbräuche«: der Tanz um das Feuer, das Überspringen des Feuers durch Paare, auch das Verbrennen von Stoffpuppen, Hexen, Dämonen ...,[10] die das Licht gefährden, sind aus dieser Wurzel zu erklären.

Welche Sinndeutung aber wurde nun dem Feuer als *Johannisfeuer* gegeben? Durandus erblickt im ausgehenden 12. Jahrhundert in diesem Feuer einen Hinweis auf den Vorläufer des Herrn, der »eine brennende Leuchte war«, und auf die Weissagung des Engels: »Viele werden sich über seine Geburt freuen«.[11] Eine nicht gerade überzeugende Argumentation!

Das Fest des Täufers zur Sommersonnenwende kann im christlichen Bereich wohl nur im Zusammenhang mit dem Weihnachtsfest gesehen werden. Die wiederaufsteigende Sonne der Wintersonnenwende wird zum Gleichnisbild des »Sol invictus«, der unbesiegbaren Sonne, die Christus ist; eine Symbolik, die das Datum des Weihnachtsfestes vermutlich mitbe-

[10] Geramb, 119. In einigen Alpenländern hieß die Puppe der »Tattermann« (ebd.); Schönfeldt, 186f; Oberpfalzverein, 49. Hier wird auch ein (sicher nicht sehr alter) Spruch angegeben, den die Kinder beim Verbrennen der Stroh- und Heupuppen aufsagen: »Feuer, friß das Hexenweib / und verzehre Haß und Neid! / Fluch und Falschheit soll'n verbrennen / daß wir friedlich leben können.« (ebd.)

[11] Veit/Lenhart, ebd.

stimmte.[12] Dann würde die nun *abnehmende* Sonne des Mittsommertages von Joh 3,30 aus (»Er muß wachsen, ich muß abnehmen«) auf den Vorläufer zu deuten sein. Vielleicht auch wurden die Feuerbräuche aufgrund von Joh 1,7ff dem Johannistag zugewendet, so daß das Johannisfeuer als Christus-Symbol zu verstehen wäre.

Jedenfalls erfreute sich der Brauch des Johannis-Sonnenwendfeuers großer Beliebtheit. 1401 ging der Bayernherzog Stephan mit seiner Gemahlin im Johannisreigen des Volkes mit. 1471 wird das von Kaiser Friedrich III. beim Reichstag zu Regensburg berichtet. 1490 ließ der Bischof von Würzburg ein besonders großes Feuer vor seiner Burg verbrennen. 1496 eröffnete Erzherzog Philipp von Österreich den Feuertanz mit der Bürgerstochter Ursula Neidhard um das 45 Schuh hohe Feuer. 1609 nahm das Stiftskloster Neuburg das alte »sonabetfewr« gegen das Verbot des Stadtrichters, der Brand und Ausschreitung befürchtete, mit Erfolg in Schutz.[13] Das Feuer auf dem Greveplatz in Paris wurde lange Zeit hindurch feierlich vom Gouverneur der Stadt entzündet. »War der König zugegen, zündete dieser eigenhändig mit einer brennenden Fackel den Holzstoß an.«[14]

Bis heute ist der Brauch im deutschsprachigen Raum lebendig geblieben. Der Bogen der Sinndeutung kann sich von der Ursymbolik des Lichtes (des Feu-

12 Vgl. die Ausführungen in »Christliches Brauchtum«, 56ff.

13 Geramb, 117; vgl. Stonner, 33 (unter Berufung auf Geramb).

14 Veit/Lenhart, 159.

Sprung über das Johannisfeuer

ers, der Sonne) bis zur Lichtsymbolik in der Johannes-Christus-Parallele (s. o.) spannen. Dennoch bleibt zu überlegen, ob nicht der Brauch eines Pfingstfeuers sinnträchtiger ist als der Brauch der Johannisfeuer (so sehr es zu bedauern wäre, wenn die große Gestalt des Täufers dem Gedächtnis der Gemeinden immer mehr entschwände).

5 Das Brauchtum des Festes der Aufnahme Mariens in den Himmel

5.1 Zur Theologie des Festes

Nach früh bezeugtem Glauben der Kirche wurde Maria »am Ende ihres irdischen Lebenslaufs«[1] mit Leib und Seele in die Herrlichkeit des Himmels (Gottes) aufgenommen. Dieser Glaube betont die besondere Würde, die Maria, die Gottesmutter, in der Gemeinschaft der Kirche besitzt, und ihren Anteil an der Erlösungstat des Sohnes. In ihrer Aufnahme in Gottes Herrlichkeit wird exemplarisch deutlich, wozu Mensch und Welt durch Gottes Gnade berufen sind.[2]

1 So der Wortlaut des Dogmas, das Pius XII. am 1. November 1950 verkündete.

2 Das Dogma besagt nicht, *allein* Maria sei dieser Würde teilhaft geworden. Die theologische Diskussion fragt etwa nach der ganzmenschlichen Auferstehung der mit Christus Erstandenen (Mt 27,52 f); und neuere Theorien zur Eschatologie sprechen vom »dynamischen« Weltgericht, in das die Toten – außerhalb der Zeitlichkeit seiend – eintreten. Das Dogma zielt offenbar auf die besondere Würde Mariens und ihre unauslotbare Ausprägung des »alter-Christus-Seins« (Vgl. zum ganzen: K. Rahner, Zum Sinn des Assumpta-Dogmas, Schriften zur Theologie 1, Einsiedeln [4]1960, 239 ff). Übrigens spricht schon die legenda

5.2 Zur Entwicklung des Festes

Erste Aussagen zum Festgeheimnis gehen in die Frühzeit der Kirche zurück. In der Ostkirche wird bald nach dem Konzil von Ephesus (431), das Maria den Titel »Gottesgebärerin« endgültig zuerkannte, ein solches Fest gefeiert. Kaiser Mauritius (582–602) erkannte den 15. August als Feiertag an. Die römische Kirche feiert das Fest seit dem 7. Jahrhundert. Als »demonstratio catholica« gegen die »Schmähungen«, welche die Gottesmutter durch die Reformatoren erleiden mußte, »wurde ... Mariä Himmelfahrt ... der Lieblingsvorwurf des Barock. Höfische Luft umweht die hohe Frauengestalt, die sich zu den Höhen des Himmels schwingt.«[3] Starken Auftrieb erhielt die Festfeier durch die Verkündigung des Dogmas von der leiblichen Aufnahme Mariens in den Himmel am 1. 11. 1950.

5.3 Das Brauchtum des Festes: Die Kräuterweihe

5.3.1 (Geschichtliche) Wurzeln

Die Wurzeln des Brauchs liegen im Dunkeln. Die legenda aurea berichtet, daß auf Weisung eines

aurea (sich auf Hieronymus berufend) von der Möglichkeit, daß auch andere Tote bereits der leiblich-seelischen Auferstehung teilhaft wurden (Heidelberg o. J., 583 ff).

3 Veit/Lenhart, 60.

Engels eine Palme vor dem Leichnam Mariens einhergetragen worden sei und daß beim Herabkommen des Herrn am dritten Tage (seine Mutter in den Himmel zu führen) sich ein »unaussprechlicher Duft« verbreitet habe. Ob solche Hinweise zur Entstehung einer Krautweihe beigetragen haben, muß dahingestellt bleiben.[4] Erste historische Belege gehen in das 10. Jahrhundert zurück. Im römisch-deutschen Pontifikalbuch, das in dieser Zeit zusammengestellt wird, finden wir ein Segensgebet über die (Heil-) Kräuter:

Allherrschender Gott, den Menschen Urheber allen Heils und aller Gesundheit,
du Arzt für Seele und Leib,
in unerforschlicher Weisheit hast du eine Fülle von Pflanzen als heilwirkende Medizin für die Kranken geschaffen.
Wir bitten dich:
Erfülle diese Kräuter, die du geschaffen hast,
mit deinem heilsamen Segen;
und jedem Kranken, der sie braucht,
seien sie Arznei für den Leib
und Kraft für die Seele,
auf daß er dir Dank abstatte
und alle Geister loben unseren Herrn Jesus Christus.

Spätere Ritualbücher (Benediktionsbücher) berufen sich in ihren Segensgebeten auf die Schöpferkraft

4 Die Legende, die Apostel hätten beim Öffnen des Grabes Mariens nur mehr Rosen vorgefunden, ist späteren Datums.

Gottes und auf 1 Mose 1 (vor allem 1,11ff und 1,29f).[5]

Wahrscheinlich reichen die Wurzeln des Brauchs weit in das Heidentum hinein. Schon immer haben die seltsamen Blüten- und Wurzelformen mancher Gewächse die Phantasie unserer Vorfahren angeregt; schon immer sind die Heils- oder Unheilskräfte der Pflanzen beglückt oder mit tiefem Entsetzen erfahren worden. Die deutschen Pflanzennamen bilden ja neben den vielen Pflanzensagen[6] eine Kulturgeschichte eigener Art.

Die gesamte Natur galt als belebt. Götter und Dämonen umgaben nach uraltem Glauben des Tags und des Nachts die bunte Vielfalt der Pflanzen.[7] Man konnte nur um den Segen, um die Fülle der Pflanzengaben, bitten – oder sich mit Zauber und Magie gegen die Mächte des Bösen wehren. »Beim Suchen und Gra-

[5] J. Pascher, Kräuterweihe an Mariä Himmelfahrt, in: Anzeiger für die Seelsorge, 1968/8, 326ff.

[6] Vgl. A. von Perger, Deutsche Pflanzensagen, Stuttgart und Oehringen 1864, Neudruck Wiesbaden o. J.

[7] Vgl. zur christlichen Deutung solcher uralter Erfahrungen die wunderbare Predigt Kardinal Newmans über die Naturkräfte (Fest des Erzengels Michael 1831), in der es heißt: »Und würden wir über die Werke der Natur einen wissenschaftlichen Vortrag halten und dabei die Namen von Pflanzen und Bodenformen aufzählen sowie deren Eigenschaften beschreiben, dann müßten wir es ehrfürchtig tun, da diese großen Diener Gottes (die Engel, d. V.) es hören; müßten es tun mit jener Art von Zurückhaltung, die wir immer empfinden, wenn wir vor Weisen und Gelehrten unseres eigenen sterblichen Geschlechtes zu reden haben, da wir doch nur kümmerliche Anfänger ... in der Geisteserkenntnis ... sind.« (Predigten, Band I/2, Stuttgart 1950, 401.)

ben, beim Pflücken und zuletzt beim Kochen des Suds hing alles Gelingen am wirksamen Wort, an der zauberkräftigen Formel. Bräuche und Formen vererbten sich als kostbares Geheimnis von Generation zu Generation im bevorzugten Geschlecht der Weisen . . . Sie bannten die Krankheit, und oft genug bannten sie wirklich, weil sie echtes Wissen um die Heilkräfte der Natur von den Ahnen ererbt hatten.«[8]

Für all das war im Christentum kein Platz mehr. Zauber- und Beschwörungsformeln lebten nur im Untergrund fort – nun aber wurden Gebete (zu Gott, den Heiligen . . .) oft genug in den Dienst der unausrottbar scheinenden Magie gestellt. Sicher hielt man sich an kirchliche Anweisungen, wie sie etwa für das Pflücken der »Graciosa« (wohl: gratiola officinalis = Gnadenkraut) gegeben wurden:

»Wenn du die Pflanze gefunden hast, sprich zuerst:
Im Namen des Vaters suche ich dich, und im Namen des Heiligen Geistes pflücke ich dich.
Mir und allen, die dich tragen,
sollst du eine Wehr sein gegen die Geschosse aller unserer Feinde;
Zauber vertreibe, Gefangene löse, Verurteilte befreie und die Gnade aller Menschen erhalte mir.
Im Namen des Vaters, des Sohnes und des Heiligen Geistes.

[8] Pascher, 326.

Dann sprich das Evangelium: ›Im Anfang war das Wort‹, fünf Vaterunser und fünf Ave Maria und ›Ich glaube an Gott‹. Dann ziehe das Kraut mit der Hand heraus, lege es an Mariä Himmelfahrt auf den Altar, an dem die Messe gelesen wird, und besprenge es mit Weihwasser. Dann gilt es.«[9]

Aber wie sollte das gläubige Volk hier die Grenze zwischen Magie und gläubigem Vertrauen erkennen und wahren?[10]
Eine Weihe der Kräuter (nicht zuletzt der Heilkräuter) hat die Kirche mit vielen Festen des Kirchenjahres verbunden.[11] Die Weihe sollte verdeutlichen, daß alle (Heil-) Kräfte der Natur eine von Gott verliehene Gabe sind, die als gnädiges Geschenk Gottes erbetet und angenommen sein will.
Geblieben ist die Kräuterweihe am Tag der Aufnahme Mariens in den Himmel (»Großer Frauentag«). Vielleicht sind hier mit dem bisher besprochenen Gedankengut Überlieferungen eines alten Erntefestes und Erntedankes verbunden worden. In den »Frauendreißigern«, der Zeit vom »Großen Frauentag« (15. August) bis zum »Kleinen Frauentag« (Mariä Geburt am 8. September), einschließlich der

9 Pascher, 327.

10 Interessant ist, daß die amtlichen Ritualienbücher im Mittelalter von den Kräutern nichts anderes erwarteten als das Freisetzen ihrer natürlichen, geschöpflichen Kräfte. »Erst ein jüngerer Zusatz hat in das römische Rituale wieder die ›Bitte‹ hineingebracht gegen die ›Vorspiegelungen und Machenschaften des Teufels‹.« (Pascher, ebd.)

11 Pascher, 327f.

Maria im Ährenkleid, um 1473, Soest/Westf.

alten Oktav dieses Festes, blühen ja die Blumen in Fülle und bilden verschwenderisch Samen aus; aber es reift auch das Getreide, und die erste Ernte ist eingebracht.

Nach M. Höfler[12] geht der Brauch der Frauendreißiger »auf eine germanische dreißigtägige Fastenzeit zurück, die als ein Toten- und Fruchtbarkeitsopfer anläßlich der Erntefeste begangen wurde«. Da die germanischen Erntefeste oft mit dem 15. August (= »Erntemond«) zusammenfielen, habe man den altchristlichen Todestag Mariens damit in Zusammenhang gebracht, zumal Maria schon früh als Schützerin der Feldfrüchte verehrt wurde.[13] Sicher galt die Zeit der Frauendreißiger als eine ganz besonders gesegnete Zeit: »Alle Gifte in Pflanzen und Tieren verlieren da ihre Schärfe, wogegen alle Heilkräfte dreifach gesegnet und gesteigert werden. Deshalb werden in dieser Zeit alle Heilkräuter gesammelt und als ›Weihbuschen‹ in die Kirche gebracht...«[14]

Näher liegt freilich der Gedanke, daß Maria schon bald als »schönste Blume« verehrt wurde, welche die Schöpfung hervorgebracht hat: die »rosa mystica« der Lauretanischen Litanei. Sie, die uns die wunderbare Frucht: den Erlöser, brachte, das Heil aller Welt, *mußte* zur Patronin der Schöpfung, vor allem der Ernte, werden. Von hier aus dürfte auch der theologische Sinn der Kräuterweihe heute zu erschließen sein

12 »Der Frauendreißiger«, in: Zeitschrift für österreichische Volkskunde 18 (1912), 133ff; Vgl. Geramb, 144f.

13 Vgl. die vor allem in Süddeutschland und Österreich beliebte Darstellung der »Madonna im Ährenkleid«.

14 Geramb, 145.

– wobei (sekundär) der Blick auf die Schönheit und die Kräfte der Schöpfung fällt, deren Bedeutung für das Wohl und das Heil der Menschheit neu erfahren wird.

5.3.2 Anzahl und Art der gesammelten Kräuter

Äußerst schwierig ist es, Anzahl und Art der Kräuter festzustellen, die zum Krautbund (Weihbuschen, Würzwisch; mundartlich auch Kreitererbischl, Krintbusch'n, werzwisch etc.) gehören. Die Anzahl schwankt zwischen 7[15] (der alten heiligen Zahl) und 72[16] (mit Hinweis auf die ausgesandten 72 Jünger Jesu nach Lk 10,1 ff par). Nur vereinzelt wird die Zahl 99 genannt. Sonst sind es 9 (3×3) Kräuter.[17] Im Hochstift Paderborn hielt sich offenbar in manchen Gegenden hartnäckig die Zahl 24 (wohl 2×12).[18]

15 Tirol, wo nach Geramb »vielfach je 7 verschiedene Kräuter zusammengebunden werden«. Wenn in Kallmuth/Eifel zum Krautbund 4 verschiedene Kräuter gehören (Guthausen), so dürften die 4 Hauptkräuter gemeint sein: Johanniskraut, Baldrian, Rainfarn und Beifuß.

16 Diese Zahl wird häufiger im Gebiet des Paderborner Hochstiftes geannt. (Vgl. K. Preywisch, Der Krautbusch, in: Kreis Höxter, Mitteilungsblatt des Kreisheimatpflegers, Jg. 2 [1972], Nr. 3, S. 31. Hier findet sich gelegentlich auch die Zahl 99.)

17 Schönfeldt, 211; Geramb, 147 (Kärnten).

18 Preywisch, 31; wie wenig die Zahl in manchen Gegenden festgelegt ist (von den Arten ganz zu schweigen), zeigt A. Becker in seiner Volkskunde der Pfalz. Nach ihm besteht der geweihte »Würzwisch« aus »mindestens je drei Stengeln von Johanniskraut, Tausendgüldenkraut, Frauenflachs oder Abnehmekraut, Stierkraut oder Wohlgemut,

Das Spektrum der Pflanzen, die im Zusammenhang mit dem Krautbund genannt werden, ist sehr groß[19] und – je nach Landschaft – verständlicherweise sehr unterschiedlich. Einige Pflanzen aber werden in vielen Landschaften als zum Krautbund gehörend genannt. Sie seien hier besonders vorgestellt:

1. *Das Johanniskraut* (Hartheu = Hypericum perforatum)
Die vielen Namen, die das Kraut in den verschiedensten deutschen Landschaften hat,[20] weisen auf die Sagen und Legenden, welche die Pflanze umgeben, ebenso hin wie auf die Heil- und Zauberkräfte, welche sie besitzt. Der Name Johanniskraut verweist wohl darauf, daß früher beim Tanz um das Johannisfeuer Kränze aus diesem Kraut getragen wurden, die als Glückbringer galten. Hartheu »machte fest«

Ülerichskraut oder Knauel und Johanniskraut (?), Gerbkraut oder Kerbel, Wurmmehl oder Rainfarn, Rotem Sauerampfer, Hanf (weibl.), grünem Hafer, grünen Nüssen, grünen Haselstauden, Odermennich mit gelben Blüten, Grindkraut oder Flockenblumen, auch Teufels Abbiß, Wiesenbibernell, Schafgarbe, Liebstöckel, Käselkraut, Fenchel, Quendel u. a.« (134).

19 Eine Untersuchung von E. Gocke gibt für das Paderborner Gebiet allein 67 verschiedene Kräuter an.

20 Die einzige Sicherheit, daß in allen Landschaften die gleiche Pflanze gemeint ist, bietet nur der lateinische (botanische) Name der Pflanze. Die deutschen Namen wechseln. Während in Westfalen z. B. das Johanniskraut meistens »Mutter Gottes Bettstroh« heißt, führt Pascher (326f) diesen Namen für den Thymian und das echte Labkraut an usw. Die botanischen Namen werden zitiert nach Schmeil-Fitschen, Flora von Deutschland, Heidelberg [86]1976.

gegen Hieb und Stich und selbst gegen die Kugeln der neuen Feuerwaffen.[21] Aus christlicher Zeit stammt die Legende, daß Herodias, als man ihr das abgeschlagene Haupt Johannes' des Täufers brachte (Mk 6,17–29 par), voller Haß die Zunge des Heiligen durchstach, so daß das Blut zur Erde tropfte und eben zum Johanniskraut wurde.[22]
In der Medizin spielt das Kraut eine bedeutende Rolle. Schon Konrad von Megenburg (14. Jahrhundert) schreibt: »Daz kraut hat die art, daz ez daz herz sterkt und die leber, und rainiget die nieren und hailt die gesweren ...« Nach Paracelsus ist die Pflanze »eine Universalmedizin für den ganzen Menschen«. Das Johanniskrautöl (Blütenblätter und -knospen, welche in Olivenöl gelegt und etwa drei Wochen der Sonne ausgesetzt werden, bis sie das dunkelrote Johanniskrautöl ergeben) spielt in der Medizin Pfarrer Kneipps eine bedeutende Rolle, der auch den Tee aus der Pflanze vor allem bei Leberleiden empfiehlt.[23]
Die Namen »Jage (den) Teufel«, »Teufelsflucht«, »Teufelsfuchtel« zeigen, daß man dem Kraut Kraft

21 Pascher, 327. Nach von Perger wurde zur Sonnenwende das Kraut auch zum Schmücken der Götterbilder, Altäre und Opfertiere gebraucht (67).

22 Pascher, ebd. Ähnliches gilt für fromme Erzählungen aus dem österreichischen Innviertel. Danach sollte Johannes gefangengenommen werden, und die Verfolger steckten Hartheublüten an das Fenster des Hauses, in dem sich Johannes aufhielt, um es später wiederzuerkennen. Aber durch ein Wunder blühten dann an den Fenstern aller Häuser die Johanniskräuter, so daß die Verfolger »völlig in die Irre geführt« wurden (H. Sieg, Gottessegen der Kräuter, Berlin 1953, 130).

23 H. Sieg, 132ff.

gegen Zauberei und den Teufel beimaß. So wurde der Saft des Johanniskrautes auch den »Hexen« (in den Hexenprozessen) eingeflößt, damit die Wahrheit ans Licht komme.
So wundert es nicht, daß das Kraut – kreuzweise ins Fenster gesteckt – gegen das Einschlagen des Blitzes helfen sollte. Es schützte auch gegen Liebeszauber und gegen die »fürchterlichen melancholischen Gedanken.«[24]
Das Johanniskraut gehört in Bayern und Österreich, im Elsaß, in der Pfalz, im Ermland, in Westfalen, in der Eifel und in Luxemburg zu den Krautbundpflanzen.[25]

2. *Der Wermut* (Artemisia absinthium)
Der Name Wermut soll nach von Perger von der wärmenden Kraft der Pflanze stammen.[26] Das Kraut ist als Heilpflanze bekannt, ist aber – im Gegensatz zum Beifuß – arm an Sagen.[27] Nach dem Glauben der Alten half es gegen das »Beschreien der Kinder«,

[24] Von Perger, 68. Verständlicherweise können in diesem Buch nur wenige – vielleicht signifikante – Hinweise auf die Bedeutung der Pflanzen für die Medizin und die Mythologie gegeben werden. Umfassend informieren von Perger, H. Sieg und die Deutsche Mythologie der Brüder Grimm von 1835.
[25] Sicher auch in weiteren Gegenden; da aber gewöhnlich nur die deutschen (mundartlichen) Namen genannt werden, ist ein Beleg zweifelhaft. Ähnliches gilt für die meisten der hier vorgestellten Pflanzen.
[26] Er nimmt an, daß die Pflanze früher schlicht »Wärmet« (= die oder das Wärmende) hieß (124).
[27] Immerhin soll es die Kraft haben, alle Hexen »zum Teufel« zu jagen (H. Sieg, 90).

förderte die Eßlust, nahm den Alpdruck. »Man zierte Todtenbahren und Gräber mit Wermuth und legte ihn in der heidnischen Zeit beim Verbrennen der Leiche auf den Holzstoß. Alten Überlieferungen zufolge wird am Niederrhein in die für die Grundmauern gegrabenen Gruben eines Bauernhauses Salz, Asche, Getreide und eben Wermuth gestreut, vermuthlich um jeden Spuk abzuhalten . . .«[28]

Wichtig für die Aufnahme unter die Krautbundpflanzen war seine Rolle in der alten und der heutigen Medizin.[29] Karl der Große sorgte durch die Aufnahme der Pflanze in sein »Capitulare de villis« (das auch eine Verordnung über den Anbau der Heilkräuter enthält) für die Verbreitung der aus Asien[30] stammenden Pflanze.

3. *Der Beifuß* (Artemisia vulgaris)[31]

Der Volksglaube sah im Beifuß ein Mittel gegen Frauenleiden;[32] er verjagte die Geister, die »den Eheleuten einen Tort anthun wollen«.[33] Er schützte – wenn er im Zeichen der Jungfrau gegraben wurde – gegen die Bisse von Hunden und Schlangen. Er

28 Von Perger, 125.

29 »Ist einer grün wie ein Laubfrosch, mager wie eine Pappel, nimmt täglich ab an Gewicht und Humor und wirft keinen Schatten mehr, der probier es mit einem Teelöffel voll Wermut alle zwei Stunden«, sagt Kräuterpfarrer Künzle. (Sieg, 91; dort weitere Hinweise auf die Heilkraft der Pflanze.)

30 Schmeil/Fitschen, 387.

31 Von Perger führt hier Artemisia abrotanum als Träger der Sagen, Legenden, der Heil- und Zauberkräfte . . . an.

32 Von Perger, 122f; Sieg, 204.

33 Von Perger, 123.

vertrieb das Ungeziefer und sicherte Kinder, aber auch Milch und Essen, gegen alle Behexung. »Der Teufel fürchtet den Beifuß, und wo Beifußwurzeln an das Haus genagelt sind, können keine bösen Geister herein, und das Gebäude ist von Feuergefahr geschützt.« Selbst die Schwindsucht wird vom Beifuß geheilt.[34]

Der Bergzaberner Botaniker Jakob Diether (Tabernaemontanus) schreibt über den Beifuß: »Wiewohl nun das Kraut in großen Würden und Wert zu halten um seiner herrlichen und fürtrefflichen Tugend, Kraft und Nutzbarkeit willen, steht es doch Christenleuten sehr übel an ... Zauberei und dergleichen Narrheit und Gaukelwerk damit (zu) treiben.«[35]

Während der Wermut in Bayern und Österreich, im Elsaß, in der Rhön und in Westfalen als Krautbundpflanze erwähnt wird, ist die Verwendung des Beifußes vor allem für Luxemburg (»Pipels«), die Rhön, Bayern, die Eifel und Westfalen angegeben.

4. *Der Rainfarn* (Tanacetum vulgare/Chrysanthemum vulgare)

Die Pflanze, die an Wegrändern, Bahndämmen und auf Ödflächen oft massenhaft auftritt, verdankt ihre Beliebtheit wohl dem »Capitulare de villis« Karls des

34 Von Perger, 123f; Sieg, 203f; Eigenartig ist die Verbindung des Beifuß' mit dem Johannistag. So sollen sich »nach altem Glauben« am Johannistag unter der Beifußstaude geheimnisvolle Kohlen (»Thorellensteine«, »Narrenkohlen«) finden, die – um den Hals getragen – Fieber und Fallsucht vertreiben usw. (H. Sieg, 202). Der Beifuß wird ins Johannisfeuer geworfen (Becker, 118).

35 Becker, 118.

Krautbund (Nordbayern) mit Königskerze, Beifuß, Rainfarn, Johanniskraut, Kamille, Schafgarbe und Getreide

Großen. Von Perger erwähnt knapp, daß die Pflanze als Abwehrmittel »gegen Hexen und Zauber« diente.[36] In der Humanmedizin ist sie als Wurmmittel bekannt. Landwirte schrieben ihr eine Heilwirkung bei kranken Rindern und kalbenden Kühen zu.[37] Im Ermland, in Westfalen, der Rhön (?), der Pfalz, in Baden, Franken, der Oberpfalz (wohl überhaupt in Bayern) und der Eifel gehört der Rainfarn zum Krautbund. Wir finden ihn unter den bei von Perger genannten »neunerlei Kräutern«.[38]

[36] A.a.O., 133. Interessant ist die häufige Nennung des Rainfarn bei der Herstellung von »Hexenrauch« zur Beschwörung (Bannung) der Hexen; vgl. L. Vischer, Ein Hexenrauch, in: Bayerische Hefte für Volkskunde IV, 1917, 13ff (basierend auf einer Schrift des 17. Jahrhunderts).

[37] Preywisch, Die wichtigsten Pflanzen des Krautbundes, in: Kreis Höxter, Mitteilungsblatt des Kreisheimatpflegers, Jg. 2, 1972, Nr. 4, S. 36ff.

[38] Nach von Perger »muß« das am Großen Frauentag zu weihende Kräuterbündel aus neunerlei Kräutern bestehen:

1. »Aus dem *Odinskopf,* der dem Bild der Sonne ähnlich ist und die Mitte des Busches einnehmen soll.« (Inula helenium)
2. »aus dem *Hirschkraut,* mit dem sich verwundete Hirsche heilen«; (Eupatorium cannabium)
3. »aus dem *Baldrian*«; (Valeriana celtica)
4. »aus dem *Beifuß*«; (Artemisia vulgare)
5. »aus der *Aberraute*«; (Artemisia abrotonum)
6. »aus dem *Wehrmut*«; (Artemisia absinthium)
7. »aus dem *Laabkraut,* welches die Hexen fürchten«; (Galium verum)
8. »aus den *Alpranken*« (Solanum dulcamara) und
9. »aus *Rainfarn,* auch Tannkraut und Muttergottesstab genannt.« (Tanacetum vulgare) (45)

5. *Die Schafgarbe* (Achillea millefolium)[39]
Früher wurde die über ganz Deutschland verbreitete Pflanze als Heilmittel gegen die »Rippengeschwulst der Kinder, gegen Pest und Viehseuchen« verwandt. Nach von Perger »wächst (sie) besonders gern an jenen Stellen, an welchen man nach dem Essen am Weihnachtstage das Tischtuch ausschüttelte«.[40] In der heutigen Medizin werden die Heilkräfte der Pflanze in vielfacher Weise genutzt: Bei Magenleiden und Erkältungen, bei Appetitlosigkeit (Kneipp), bei Blutungen und Leberleiden... Die Pflanze gehört in den norddeutschen Gegenden zum Krautbund.[41] Sie ist auch für das Gebiet der Rhön, für die Rheinpfalz und die Oberpfalz und für Luxemburg bezeugt.[42]

6. *Die Königskerze* (Verbascum thapsiforme vel densiflorum [?])
Die schöne Pflanze, die viele Blumen weit überragt, ist vor allem in Bayern und Österreich der Mittel-

39 »Plinius berichtet: Als Achilleus bei dem kräuter- und heilkundigen Chiron am Pelion in der Lehre war, lernte er die wunderwirkende Kraft der Schafgarbe kennen. Er heilte mit dieser Pflanze Thelephos, den König von Myrien, und so erhielt das Kraut den Namen Achillea.« (H. Sieg, 69)

40 A.a.O., 133f; vgl. Christliches Brauchtum, Anm. 52, S. 90f.

41 Preywisch schließt deshalb auf einen »mehr... vorchristlichen Gebrauch der Heilpflanze« (37).

42 Nach A. Becker hängte man in protestantischen Gegenden der Pfalz statt des »Würzwischs« ein Bündel Schafgarben an Stall und Scheune zur Abwendung der Blitzgefahr (330).

punkt des Krautbundes.[43] Der mundartliche Name »Himmelbrand« nimmt den hohen Wuchs der Pflanze auf (Brand = Hohes, vgl. Brenner).[44]
Die Königskerze half bei mancherlei Krankheiten. Man nahm Weihwasser, machte über den leidenden Teil des Körpers ein Kreuzzeichen, sprach dreimal:

»Unsere liebe Frau geht dreimal über das Land,
Sie trägt den Himmelbrand in der Hand.«

und berührte die Wunden mit den Blüten.[45]
Auf der Herzgegend getragen, sollte der Himmelbrand gegen den Schlagfluß (Schlaganfall) helfen; auch gegen chronischen Husten, Schwerhörigkeit, Harntröpfeln. Hildegard von Bingen empfiehlt ihn als Mittel gegen ein »schwaches und trauriges Herz«. Auch Pfarrer Kneipp schreibt ihm eine herzstärkende Wirkung zu.[46]
Im Aberglauben spielt die markante Pflanze eine große Rolle: Wenn jemand krank ist, so knickt man nach Sonnenuntergang einen Stengel der Pflanze »gen Osten« und betet für die Genesung des Siechen.[47] In Ostpreußen hängten die Mägde einen Stengel über ihr Bett – wessen Stengel zuerst welkt,

43 In den Gegenden Westfalens, in denen die Königskerze wächst, gehört sie zu den Krautbundpflanzen.
44 Da auch Namen wie »Fackelblume«, »Kerzenkraut« bekannt sind, könnte die Pflanze früher vielleicht als Fackel oder Kerze benutzt worden sein. Brunfels sagt in seinem Kräuterbuch: »So mans mit hartz oder bech überstreycht, brennet es wie ein kertz.« (H. Sieg, 186)
45 Von Perger, 152.
46 H. Sieg, 187ff.
47 Alle Hinweise bei von Perger, 152f; vgl. H. Sieg, ebd.

stirbt zuerst. Wächst aber eine Königskerze aus einem Grabe, so wird deutlich, daß die Seele des Verstorbenen noch im Fegefeuer leidet und ihr durch Gebet und Wallfahrt geholfen werden muß (Gailtal und Kärnten).
In einigen Gegenden heißt Verbascum auch »Unholdenkerze«, weil alle Unholde vor ihr weichen müssen.

7. *Das Tausendgüldenkraut* (Centaurium minus)[48]
Ein Kraut, das man »wegen seiner Heilkraft gegen das Fieber tausend Gülden werth achtete und das man, wenn man es antraf, nie ungepflückt lassen sollte. Es heißt ..., daß selbst ein Reiter absteigen müsse, um die Pflanze mitzunehmen, und daß das erste herankommende Frauenzimmer der Blume einen Kuß geben sollte«.[49] Das von Pfarrer Kneipp sehr geschätzte Kraut wird von ihm gegen Leber- und Nierenleiden, aber auch gegen alle Magenbeschwerden empfohlen. Auch in der heutigen Medizin steht es in hohem Ansehen.
So verwundert es nicht, daß das Tausendgüldenkraut im Ermland, in Westfalen, im Elsaß, in der Pfalz, in Bayern und Österreich im Krautbund genannt wird. Die unauffällig-schöne Blume gehört zu den beliebtesten Kräutern.

48 H. Sieg nennt das Kraut »Erythraea centaurium«. Es trage diesen Namen wegen seiner rötlichen Blüten (griech. erythraios = rötlich) und »zu Ehren des Arznei- und Kräuterkundigen Centauren Chiron«. Dieser lehrte in einer geheimnisvollen Höhle am Pelion den »göttlichen Asklepios« (113f).
49 Von Perger, 169.

8. *Das Eisenkraut* (Verbena officinalis)

»Es kann nicht leicht eine Pflanze von mehr Unscheinbarkeit und größerem Ruf geben als die Verbena ...«, sagt von Perger zu Recht.[50] Das Eisen wurde – nach Meinung der Experten des 16. Jahrhunderts – durch nichts so gut gehärtet wie durch den Saft dieses Krautes. A. von Perger aber führt den Namen des »Isenkrutes« auf die Wortwurzel is = hart, zäh ... zurück[51], da die Zweige dieser Kräuter sehr zäh seien. Kaum eine Pflanze genoß bei den Alten solchen Ruf wie das Isenkrut: »Es war schon den Galliern und Germanen bekannt. Die ersteren loosten und weissagten damit, und die zweiten gebrauchten es beim Beginn eines Krieges oder bei Friedensschlüssen zu ihren Opfern. Die Magier sagten, daß jener, der es beim Aufgang des Hundssterns sammle, ohne daß es weder Sonne noch Mond bescheine, und sich damit salbe, alles erlange, was er wünsche. Das Isenkrut steht in besonderer Beziehung zum Planeten Venus, gibt große Liebeskraft und macht bei Allen angenehm. Kinder bekommen davon Verstand und Neigung zum Lernen, es bringt Wohlhabenheit und erhält den Reichtum. In den Acker gesteckt, verschafft es eine reiche Ernte, gibt man es einer Wöchnerin ins Bett, so wird weder ihr noch dem Neugeborenen Schaden geschehen. Wer sich die Hände damit salbt, kann alle giftigen Schlangen aufheben, es zeigt in der Georgsnacht die verborgenen Schätze, es verjagt alle Gespenster und Zaubereien, vertreibt die fallende Sucht, Kopfweh und Kröpfe, es schützt vor

[50] A.a.O., 145.
[51] A.a.O., 146.

Mißgeburten, Pestilenz, kurz, es war das Kraut aller Kräuter und keines konnte sich so vieler Kräfte rühmen . . .«[52] Kein Wunder, daß es die Hexen weder zu ihrer Salbe noch zu ihrem »Gewitterbrauen« entbehren konnten.
So mußte man das Eisenkraut mit goldenem oder silbernem Werkzeug aus der Erde heben, man mußte es liegenlassen, bis es vom Morgentau benetzt war, durfte es während dieser Zeit nicht verlassen. Erst kurz vor Aufgang der Sonne durfte es dann aufgehoben werden, es durfte aber mit keinem Eisenteil in Verbindung kommen. Eine alte Handschrift der Hofbibliothek zu Wien[53] schreibt über solches Ausgraben:

»Sver diese wurc graben wil der sol desselben
tages gen, da die wurc stet und sal si becrige
mit golde und mit silber und sal ob ir sprechen
ein pater noster und credo domini und sprechen:
Ich gebite dir edele wurc Verbena in nomine Patris, et filii et spiritus sancti und bei
den LXII namen des almetichen Gotis und
bi den
vier Engeln Michaele, Rafahele, Gabriele,
Anthoniele (?)
und bei den vier Evangelisten . . .«

Es ist kaum zu erklären, wie die Pflanze (sicher schon früh als Heilpflanze gesammelt und gehalten) zu solcher Berümtheit kommt. Eigentlich wäre sie in jedem Krautbund zu erwarten. Aber expressis verbis

52 Von Perger, ebd.
53 Cod. Manuscr. 2524 aus dem 14. Jahrhundert (hier Folie 12b und 14b).

wird sie nur für Westfalen, das Elsaß und die Pfalz erwähnt. Wahrscheinlich war die Pflanze (bis heute) den meisten Menschen unbekannt oder wurde übersehen (obwohl sie gelegentlich eine Höhe von einem Meter erreichen kann).

Neben diesen Pflanzen werden viele andere häufig (in mehreren Ländern) genannt: der Wiesenknopf (Sanguisorba minor vel officinalis); die Kamille (Matricaria chamomilla); der Thymian (Thymus serpyllum) und der Baldrian (Valeriana officinalis); der Odermennich (Agrimonia eupatoria); der Aland (Inula helenium); auch verschiedene Kleearten: Trifolium arvense (Hasenklee) und Trifolium campestre (Ackerklee). Sicher aber durften die vier wichtigsten Sorten des Getreides nicht fehlen (wenn auch Mitte August in einigen Gegenden die *Gerste* nur mehr schwer zu beschaffen war).

5.3.3 Die Zeit zum Sammeln

Alle Krautbundpflanzen erreichten nach dem Volksglauben in den »Frauendreißigern« ihre höchste Heil- und Segenskraft und mußten daher in dieser Zeit – unter Beachtung von vielfältigen Regeln, Sprüchen und Gebeten – gesammelt werden. Nachdem die Krautweihe mit dem »Großen Frauentag« verbunden wurde, mußten die Kräuter am Vorabend oder doch kurz vor dem Fest (auch das landschaftlich verschieden) gepflückt werden.

5.3.4 Die Verwendung der Kräuter

Das Kraut wurde dem Futter kranker Tiere beigemengt, die Körner der geweihten Ähren dem neuen Saatgut. Teile des Krautbundes wurden bei Gewitter zum Schutz des Hauses ins Herdfeuer geworfen oder gegen Blitzschlag und Seuchen aufgehängt. In der Eifel kam unter den Strohsack des Bettes ein aus Kräutern gebundenes Kreuz, das »feindliche Anfechtungen« im Schlaf vertreiben sollte. Auch in den Sarg der Toten legte man ein Kreuz aus Kräutern.
Ein Aufguß des geweihten Krautbundes zum Tee half gegen Krankheiten vielfacher Art.[54]

5.3.5 Der Brauch heute

Die heutige Sinngebung des Brauches ist oben bereits angeklungen. Wir kennen die Heilkraft der Pflanzen. Der Glaube hält solche Heilkraft nicht für selbstverständlich. Er weiß, daß *Gott* solche Kraft in seine Schöpfung legte; der Mensch erhält im geweihten Krautbund diese Kräfte der Natur als göttliches Geschenk zurück. Dabei sagt er auch Dank für die Herrlichkeit der Schöpfung und preist Maria als die Patronin der Erde, als die »schönste Blume« der Schöpfung, die uns das Heil brachte, als die »rosa mystica«, die der Krautbund geheimnisvoll abbildet. – Aber der Blick fällt auch neu auf die Schöpfung um uns, auf die »Schwester Pflanze«, die durch göttliches Geheiß unserer Verantwortung anheimgegeben ist.

[54] Von Perger, 147.

Eucharistiefeier mit Krautbundsegnung am »Großen Frauentag« (Mariä Himmelfahrt) in Eichenhain bei Steinfels (Oberpfalz)

In solcher Sinngebung sollte dieser Brauch nachdrücklich gepflegt werden. Dabei ist es sinnvoll, *die* (7 oder 9) Pflanzen zum Krautbund zu binden, die in vielen deutschen Landschaften als Krautbundpflanzen bekannt sind (s. o.) oder die eine lange örtliche Tradition haben.[55] Wer aber die Pflanzen nicht

[55] In einigen Gemeinden (z. B. in Kall/Eifel) ist gelegentlich mit dem »Großen Frauentag« und seiner Kräuterweihe eine Ausstellung der wichtigsten Krautbundpflanzen verbunden. Eine kurze Beschreibung weist auf die Bedeutung der einzelnen Pflanzen in der Medizin und der Mythologie

kennt, sollte Heil- oder Gewürzkräuter um eine Königskerze, einen Rohrkolben oder ein Ährenbündel ... binden, und er sollte nicht eine besonders schöne Rose vergessen, seinen Krautbund zu zieren.[56]

Da die wichtigsten Krautbundpflanzen in ihrem Bestand kaum gefährdet sind, besteht kein Hindernis, den Brauch zu pflegen oder ihn dort, wo er nicht mehr lebendig ist, neu zu beleben. In vielen Orten bieten die Katholische Jugend, der Frauenbund, die KAB oder andere Organisationen »Krautbuschen« vor den Gottesdiensten des 15. August an (wobei das Entgelt guten Zwecken zugeführt wird); und jedem Pfarrer dürfte es leichtfallen, den Brauch (wieder) mit Sinn zu füllen. Wenn eine Kapelle in den Feldfluren draußen leicht zu erreichen ist, könnte die Kräuterweihe auf den Nachmittag verlegt werden und in einer solchen Kapelle stattfinden, wie es an einigen Orten der Eifel Brauch geworden ist.

(in Glaube und Aberglaube) hin und macht die Gemeindemitglieder (wieder) mit den Pflanzennamen vertraut.

56 Wenn ich es recht sehe, ist gerade bei der Zusammenstellung des Krautbundes, landschaftlich verschieden, immer schon viel Phantasie am Werk gewesen. So hat man etwa im Hochstift Paderborn an einigen Orten 12 Vogeldisteln (Carlina vulgaris) im Kreis um den Krautbund gesteckt, um die Zwölfzahl der Apostel anzudeuten. Im Eggeraum suchte man eine solche Distel mit drei Köpfen, um ein Dreifaltigkeitssymbol mit dem Krautbund zu verbinden.

6 Das Brauchtum des Kirchweihfestes[1]

6.1 Zur Theologie des Festes

Ein Raum, ein Haus . . . wird durch die Weihe zum »fanum«, zum »heiligen Raum, Bezirk«, zu einem Gotteshaus. So wird Raum für das Heilige in dieser Welt geschaffen, wobei allerdings die unglückliche Spannung zwischen dem pro-fanum und dem fanum, zwischen dem »Weltlichen« und dem »Heiligen« in Kauf genommen wird. Daher wird der *tiefere* Sinn der Kirchweihe in der Oration des Festes deutlich:

> Erhabener Gott,
> *du erbaust dir aus lebendigen*
> *und erlesenen Steinen ein ewiges Haus.*
> Mache die Kirche reich an Früchten des Geistes,
> den du ihr geschenkt hast,
> und laß alle Gläubigen in der Gnade wachsen,
> bis das Volk, das dir gehört,
> im himmlischen Jerusalem vollendet wird.

Das Gotteshaus ist also Abbild der gläubigen Gemeinschaft (nicht umsonst wird das Wort »Kirche« doppeldeutig gebraucht), die in der Welt berufen ist, Früchte des Geistes zu bringen und durch sie Menschheit und Welt ihrer Bestimmung entgegenzuführen: dem ewigen Jerusalem, dem »neuen Himmel und der neuen Erde« (die in der Architektonik vieler Gotteshäuser vorgebildet sind, wie etwa im Oktogon und im »Glashaus« des Münsters zu Aachen). Zu solchem Dienst wird die Gemeinschaft der Glaubenden geweiht. Das Kirchweihfest ist also zutiefst das Jahresfest der gläubigen Gemeinde, der Teilkirche.

6.2 Die Entwicklung des Festes

Der heutige Ritus der Kirchweihe hat eine lange, in Einzelheiten kaum aufzuhellende Geschichte. Obwohl die Urkirche die alttestamentlichen Berichte über die Tempelweihe kannte (etwa 1 Kön 8f; vor allem 1 Makk 4,36ff), bildete sie keinen Ritus der Kirchweihe aus, auch dann nicht, als die Kirchen zu eigenen Kulträumen wurden. Erste Erwähnungen einer Kirchweihe durch Ansprache und Eucharistie-

1 Ein Kirchengebäude wird erst durch seine Weihe zum »heiligen Ort«. Aus Steinen erbaute Kirchen können die feierliche *Konsekration* durch den Bischof erhalten. (Kirchen aus Eisenbeton dann, wenn die Pfosten der Tore und die zwölf Stellen der Apostelkerzen aus natürlichem Stein sind). Andere Gottesdiensträume (Hauskapellen usw.) werden von einem Priester *benediziert*. Der Titel der Kirche darf nach der Konsekration nicht mehr geändert werden. Die Kirche wird »entweiht« durch Zerstörung der größeren Teile der Mauern oder durch Übergabe zum profanen Gebrauch. Nach einer Kirchenschändung darf bis zur »Rekonziliation« in ihr kein Gottesdienst gehalten werden. (LThK 6, 302f.)

feier finden wir bei Eusebios. Zur Zeit Gregors des Großen (gegen 600) ist offenbar die erste Meßfeier die offizielle Einweihung der Kirche. Später wird der Ritus der Altarweihe (das II. Konzil von Nizäa 787 schreibt die »Beisetzung« von Reliquien in jedem Altar vor) zum Kirchweihritus erweitert, der bis in die Neuzeit hinein dynamisch ausgestaltet wurde.

Die älteste Erwähnung eines jährlich gefeierten Kirchweihfestes finden wir bei der Pilgerin Aetheria (Peregrinatio ad loca sancta) am Ende des 4. Jahrhunderts, die von einem Weihefest der Anastasis, der Grabes- und Auferstehungskirche zu Jerusalem, berichtet. Nach diesem Bericht kommt das Weihefest der von Konstantin errichteten Basilika an Rang den Hochfesten Ostern und Epiphanie gleich. In Rom ist ein Kirchweihfest im 5. Jahrhundert nachzuweisen, vielleicht bereits am Anfang dieses Jahrhunderts.[2] Im Abendland wurde das Fest offenbar längst vor der Begegnung des Christentums mit den germanischen Völkern begangen.[3]

Ursprünglich feierte jede Gemeinde den Jahrestag der Weihe ihres Gotteshauses (natalis ecclesiae). Heute gibt es für die meisten Kirchen einen gemeinsamen Kirchweihtag, der am Sonntag nach dem Weihetag der Lateran-Basilika in Rom (der »mater omnium ecclesiarum«) am 9. November gefeiert wird (= »Allerweltskirchweih« oder Landkirchweih).

[2] Nach unbelegten Angaben Veit/Lenharts ist ein Kirchweihfest schon um 336 nachzuweisen. Die von uns vertretene Meinung geht auf LThK 1, 577 ff, zurück.

[3] Daher geht das Fest nicht auf germanische Erntefeste zurück, wie gelegentlich behauptet wird.

Viele Gemeinden feiern auch den Gedächtnistag ihres Kirchenpatrons (oder des Mysteriums, dem die Kirche geweiht ist) als »Patrozinium«, eben als »Kirchweihfest«.

6.3 Das Brauchtum des Festes

Das Kirchweihfest (Kirchtag, Kerwe, Kelb, Kilbe, Kirbe, Kirwa, Kirta ... vgl. Kirmes) ist eines der beliebtesten Feste im Jahreskreis. Bis heute wird es in Kirche und Haus (Dorf und Stadt) festtäglich begangen. Ein großer Hausputz geht dem Fest voran; das Fest selbst wird mit (möglichst vielen) Verwandten und Freunden gefeiert. Es dauert mindestens 2 Tage (Sonntag und Montag), wenn möglich, länger. Neben besonders gutem Essen und Trinken[4] gibt es überall die Kirchweih-Kuchen (Küchle, Krabben). Früher (oft bis heute) war die Kirchweih mit dem Jahrmarkt (Kirmes) verbunden.
Das Fest hat viele Bräuche ausgebildet oder an sich gezogen, die landschaftlich sehr verschieden sind. Nach einer Pastoralverfügung des Mainzer Erzbischofs Friedrich K. Joseph von Erthal an das Erzbischöfliche Vikariat vom 23. 3. 1781 sollte am Kirchweihmontag »ein Seelenamt für die abgestorbe-

[4] Schon früh sprach man in Bayern von der »Eß-, Freß-, Saufkirwe (-kirwa/-kirba)«. Vgl. F. Beyschlag, Blätter zur bayerischen Volkskunde 9 (1921), 16 u. a. Immer wieder versuchten vor allem Geistliche, die »Freßkirwe« abzuschaffen (oder ihr andere Form zu geben) (A. Becker, 331 f) – ohne Erfolg.

nen Stifter und Wohltäter, für die verstorbenen Pfarrer, Eltern, Freunde und Verwandten und für alle im Herrn verstorbenen Pfarrgenossen« gefeiert werden. Daran sollte sich eine Prozession zum Friedhof anschließen (eine Sitte, die sich in Mainz bis heute erhalten hat).[5]

Stonner ist offenbar der Ansicht, daß ein solcher Brauch generell in Deutschland geübt wurde. Danach erinnert er an den Brauch der sogenannten »Goldenen Stunde«, wie sie etwa aus Böhmen bekannt geworden ist. Die jungen Paare tanzen am Kirchweihmontag (oder auch am Kirchweihdienstag) am Vormittag oder kurz nach dem Essen; sie überlassen dann aber den Tanzsaal den Verstorbenen, für die im Musikantenchor eine Kerze brennt. Solange die Kerze brennt, währt eben die »Goldene Stunde«, in der man die Toten anwesend glaubt, damit sie an der Festfreude der Lebenden Anteil haben.[6] Deutlich wird, wie sehr die *Gemeinde,* zu der nach altem Wissen auch die Toten gehören, im Mittelpunkt des Festes steht.

Bis heute wird am Kirchweihfest in vielen Gemeinden ein feierliches Amt gehalten, in dem man der Lebenden und der Toten der Gemeinde gedenkt.

Die meisten Bräuche des Kirchweihfestes sind jedoch »weltlicher« Art. So werden »Kirchtagbäume« aufgerichtet,[7] an denen oft junge Burschen hochklettern, um die »Kirmesfahne«[8] möglichst

5 Veit/Lenhart, 157.

6 Stonner, 151.

7 Geramb, 156; Oberpfalzverein, 63.

8 Sie ist nach Veit/Lenhart schon im 14. Jahrhundert bezeugt, scheint deutschen Ursprungs zu sein und trägt oft den Namen Zachäus, aufgrund des früheren Evangeliums

hoch oben zu befestigen. »Kerwesträuße« und »Kerwekränze« wurden in der Pfalz in den Wirtshäusern aufgehängt (zum Teil mit Wein »getauft«, wozu eine derbe Taufpredigt gehalten wurde).[9] Dominierend war und ist der Kirchweihtanz, der phantasievoll ausgestaltet wurde. Er ist heute vom Marktplatz (Kirchplatz) in die Wirtshäuser verlegt worden. Gelegentlich ist von Gebildbroten (Hammel und Hahn) die Rede, die in fröhlicher Runde verzehrt wurden.[10] Überhaupt sind Heischegänge (etwa das »Umigeig'n« in der Oberpfalz, das an manchen Orten neu belebt wurde) mit dem Fest verbunden worden, wobei man früher Nahrungsmittel,[11] heute Geld einsammelte.

Häufiger war und ist das »Begraben der Kerb« (»Kirwa eigrom«). Dabei werden Reste der festlichen Mahlzeiten eingegraben; häufiger wird eine Puppe – rituell mit Bier oder Wein aus Maßkrügen (anstelle von Weihwasser) übergossen – in Form einer (kirchlichen) Beerdigung mit Trauerreden usw. unter Tränen eingegraben.[12]

der Kirchweihmesse (156). In der Eifel ist der heutige »Kirmespitter« aus dem »Zachaias« (Zachäus) hervorgegangen (K. Guthausen).

9 Becker, 333 f. Bis heute wird in der Pfalz und in Rheinhessen von den »Straußbuben« eine »Kerweredd« gehalten, in der örtliche Ereignisse glossiert werden (Alte Bräuche..., 155 f).

10 Becker, 336.

11 In Fuchsmühl (Oberpfalz) hieß der Brauch »Kouchenstrich«!

12 Weitere heitere und derbe Festbräuche sind unter dem entsprechenden Stichwort in der angegebenen Literatur nachzulesen. Hingewiesen sei auf die Bildberichte in »Alte Bräuche, frohe Feste«, 64 ff; 155 f u. ö.

Viele der derb-lustigen Kirchweihbräuche sind von der Fastnachtsfeier (dem Karneval) aufgesogen worden. In den meisten Fällen bleibt neben gutem Essen und Trinken, dem Verzehren der Kirchweih-Kuchen und dem Besuch der Verwandten und Freunde nur der Kirchweihtanz übrig.

Das Fest sollte seine (alte) Sinngebung zurückerhalten und neues Brauchtum ausbilden. Das geschieht in vielen Gemeinden bereits. Denn das Kirchweihfest ist ja *das* Fest der (Kirchen-) Gemeinde. So ist es sinnvoll, in der Liturgie des Tages die Gemeinde so zu vereinen, daß zur liturgischen Gestaltung alle Gruppen beitragen. Der Gang zu den Gräbern an einem der Kirchweihtage müßte (wie das Gedächtnis der Toten) zum Festbrauch gehören. Die weltlichen Feiern sollten von der Kirchengemeinde getragen werden, wobei Spiel, Tanz, Theateraufführungen ebenso zu ihrem Recht kämen wie Glossierungen dessen, was sich in der Gemeinde im vergangenen Jahr ereignet hat. Den Kranken sollten (musikalische) Grüße gebracht werden; wenigstens sollten sie besucht werden.
In dörflichen Gemeinden könnten auf dem Kirchplatz, Marktplatz ... Volkstänze (Trachtentänze) dargeboten werden. Ministranten oder andere Gruppen der Kinder und Jugend könnten am Nachmittag des Kirchweihsonntags allen Familien ein gutes Fest wünschen, sie zum Pfarrfest an einem der Kirchweihabende einladen und dafür etwa Kirchweih-Kuchen und Süßigkeiten »erheischen« oder auch Geld, das für wohltätige Zwecke in der Gemeinde verwandt werden könnte.

Kirchweihtanz auf dem Marienplatz in München mit einer Trachtengruppe aus dem Bayerischen Wald

Geramb schrieb 1948: »Es ist . . . klar, daß es sich bei der Pflege des Kirchweihfestes vor allem um zwei Dinge wird handeln müssen: um seine Befreiung vom Wirtshaus dadurch, daß man das Fest mehr und mehr auf Dorfplatz und Waldwiese zurückführt, und um die Bereicherung der Spiele, Tänze, Reigen und sonstigen guten Volksbelustigungen...« (154f). Vor allem sei es die Aufgabe, das Fest zu »entalkoholisieren«, um es nicht (mehr) zu einem Zerrbild eines Festes werden zu lassen (155). Beides wird in den Gemeinden kaum zu realisieren sein. Ein Pfarrgemeindeabend an einem der Kirchweihtage könnte sowohl zu einer phantasievollen Gestaltung des Festes führen als auch zu einer »maßvollen« Feier. Überhaupt sollten die Gemeinden zu ihrem Fest nachdrücklich auf die »Kunst des Maßes« hingewiesen werden.

Das Kirchweihfest kann gelegentlich durch Ausstellungen zum Leben und zum Wirken des Kirchenpatrons bereichert werden.[13]

[13] Leider sind einige Bräuche wohl kaum noch zu beleben, die zu den wichtigsten eines solchen Festes zählen könnten. Gräfin Schönfeldt spricht vom »Kirmesfrieden«, der früher »streng eingehalten« worden sei (219). Von Geramb berichtet, daß in St. Michael im Lungau aus Anlaß des mit der Kirchweih eng verbundenen Michaelismarktes das »Freyungszeichen« (eine Stange, von der ein hölzerner Arm mit Schwert weggereckt war) aufgerichtet und die »Freyung« laut verkündet wurde. Danach begann das einstündige »Freyungsläuten« mit der großen Glocke. Solange die Freyung galt, mußten alle Streitigkeiten, Prozesse, Raufhändel usw. aufhören (Geramb, 165f).
Der Brauch dürfte ein Abglanz des alten Brauchs der »treuga dei«, des Gottesfriedens, sein. Er ist offenbar 1921 und 1922 in St. Lambrecht und in Murau wiederbelebt worden. Geramb schreibt, er habe dort »viel Freude« gemacht (166). Hier würden sich Versuche lohnen, auch wenn andere Attribute als Arm und Schwert für solche »Freyung« gefunden werden könnten: die Waage (der Gerechtigkeit) oder die ausgestellte Figur des Kirchenpatrons...

7 Das Brauchtum des Erntedank-Festes

7.1 Zur Entwicklung des Festes

Einen (bald ritualisierten) Dank für die Ernte gibt es wohl, solange es Menschen gibt. Einige der bedeutenden jüdischen Feste sind primär Erntedank-Feste gewesen, so das Laubhüttenfest als »Fest der Lese«, also als Dankfest für die Weinernte, und das Schawuot-(Wochen-)Fest als Dank für die Weizenernte. Erntefeste waren in der Antike, vor allem bei den Römern, verbreitet.

Das Mittelalter kennt dann Votivmessen zum Erntedank. Dabei wurden offenbar die »Früchte des Feldes« gesegnet, woran sich das Tedeum anschloß.[1] Auf ein Dankfest für die Ernte wurde kaum besonderer Wert gelegt.[2] Heute wird das Fest an einem der Herbstsonntage – oft nach Diözesen verschieden – gefeiert; als Meßformular dient das der Votivmesse zum Erntedank.

1 RGG II, 602.

2 Da am Schluß des alten römischen Kanons beim »Per quem haec omnia, Domine, semper bona creas, sanctificas, vivificas, benedicis et praestas nobis« Naturalien gesegnet wurden, die je nach Jahreszeit verschieden waren, bezog man auch die Erntegaben in die Eucharistia (die lobende Danksagung an Gott) ein.

7.2 Das Brauchtum des Festes

Zweifellos ist das Fest in eine Krise geraten. Maschinen übernehmen immer mehr die Arbeit der Bauern und drängen die meisten alten Erntebräuche in den Hintergrund. Immer stärker erfährt der Mensch die Macht, die er über die Erde, über Saat und Ernte hat. Er bestimmt weithin den Ertrag durch die Menge des ausgetragenen (Kunst-) Düngers und des gespritzten Unkraut- oder Schädlingsbekämpfungsmittels. Wie sein Leben, so erfährt der Mensch auch die Ernte kaum noch als *verdanktes* Gut. So werden Erntedank-Feste leicht zur nostalgischen Schale, die keinen Kern mehr hat.

Erntebräuche gab es früher in solcher Vielfalt, daß eine Gesamtdarstellung Bücher füllen würde. Vor allem der Beginn und der Abschluß der Ernte waren von vielen Bräuchen umgeben. Vor dem ersten Schnitt wurden in der Frühmesse die Erntegeräte gesegnet; vor dem ersten Schlag machte man das Kreuz über Sense und Ähren; gelegentlich knieten alle am Feldrand nieder und beteten für das Gelingen der Ernte. Das erste Fuder (oft, wie das letzte, geschmückt) mußte ohne Streit und Lärm (manchmal schweigend) heimgefahren werden. Gelegentlich war die erste Fuhre für die Armen des Dorfes bestimmt.[3] In der Pfalz wurde der erste Erntewagen vor die Kirche gefahren; die Schulkinder sangen, der Geistliche hielt eine Ansprache. In der Oberpfalz besprengte man die erste Erntefuhre und die Scheune mit Weihwasser. »Zu Beginn der Weinernte in der Moselgegend schnitt ... ein Kind, an der unteren

[3] Gräfin Schönfeldt, 222f.

Zum Erntedankfest geschmückter Altar

Nahe der Hausvater, mit einem ›Gott walt's‹ die ersten Trauben.«[4]

Auch die *letzten* Ähren und Garben waren für das Brauchtum von besonderer Bedeutung. »Im badischen Oberschwörstadt ... werden die letzten 9 Ähren, je 3 auf einmal, von *einem* geschnitten, die anderen beten kniend den englischen Gruß.«[5] Die letzten Körner werden unter das Saatgut für das kommende Jahr gemengt. In Schwaben fuhr man die letzte Fuhre der Ernte vor die Kirche oder das Rathaus, wo sich die ganze Gemeinde versammelte und nach einer Ansprache den Choral »Nun danket alle Gott ...« sang.[6]

Von all dem ist wenig geblieben. Außer dem oft gebeteten Wettersegen – vor allem in der Erntezeit – umgibt kaum noch ein Brauchtum die Ernte. Gelegentlich ziert den letzten Erntewagen (wenn er nicht sofort zu den Lagerhäusern und Fabriken gefahren wird) noch ein Erntekranz oder eine Erntekrone.

So dürften ländliche Erntefeste und das kirchliche Erntedank-Fest die letzten Refugien für das Erntebrauchtum darstellen. Die Umzüge der Erntefeste (mit Trachtengruppen, Tanzgruppen und phantasievoll gestalteten Wagen)[7] mögen noch an die

4 Stonner, 90, unter Berufung auf Reuschel, Deutsche Volkskunde im Grundriß, Leipzig 1920.

5 Stonner, 90f.

6 Zu den uralt heidnischen Vorstellungen von Korndämonen (Vegetationsdämonen), von Umgängen der Kornmuhmen (Erdmütter, Mittagsfrauen) vgl. Schönfeldt, 224ff; vor allem aber Bächtold-Stäubli (Stichwort Ernte, II, 939–963).

7 Hier sei auch an die (leider oft kommerziell stark beeinflußten) Weinfeste gedacht.

geschmückten letzten Erntefuhren früherer Zeiten erinnern. Bei solchen Umzügen und beim (von der Jugend neu belebten) Erntetanz könnten Erntekranz und Erntekrone wieder zu ihrem Recht kommen.[8] Daß danach ein gutes Essen und das Erntebier warten, entspricht uralter Gepflogenheit.
Der Akzent des kirchlichen Erntedank-Festes liegt eindeutig auf dem Erntedank-Gottesdienst. Die Gaben des Feldes und der Gärten werden in der Nähe des Altares gestapelt und schön geschmückt. Sie werden gesegnet und nach dem Gottesdienst meist Altenheimen, Waisenhäusern usw. zur Verfügung gestellt, so daß der alte Brauch, die erste oder die letzte Garbe für die Armen aufzubewahren, mit neuem Sinn gefüllt wird. Oft zieren kunstvolle Erntekränze oder Erntekronen die gesammelten Gaben.[9]

Es bleibt jedoch zu fragen, ob nicht – gerade in einer Zeit der Umweltkrise und des gestörten Verhältnisses vieler Menschen zur Schöpfung – alte Bräuche wiederbelebt, neue geschaffen werden müßten.

[8] Früher übergab das Gesinde dem Hofherrn den Erntekranz. In Niederösterreich wurde dazu gesagt: »Geehrter Hausherr, der Schnitt ist aus, / wir kommen jetzt vom Schneiden z'Haus. / Wir haben geschnitten und haben gebunden / und haben einen Kranz gefunden. / Der Kranz ist von Gold und Edelstein. / Der Hausherr soll zufrieden sein.« (Geramb, 142).

[9] In manchen Orten – etwa in Otterswang bei Bad Schussenried und Berg bei Ravensburg – werden in wochenlanger Arbeit Kunstwerke (nach alten oder modernen Vorbildern) aus Früchten und Samen im Chorraum der Kirche gestaltet (vgl. Alte Feste . . ., 142f).

So könnte sich die bäuerliche Familie zu Beginn der Ernte vor dem Hauskreuz zu kurzem Gebet versammeln, um Dank zu sagen für das gereifte Korn und den Wein und um Segen zu erbitten für die Ernte. Der Geldwert des ersten und letzten Sackes Getreide könnte generell den Armen, den Hungernden der Welt zugute kommen. Eine Erntekrone als Zeichen des Dankes an den Geber der Ernte könnte geflochten werden und das Haus ein Jahr lang schmücken ... Jedenfalls sollte in Erntedank-Gottesdiensten, Erntedank-Feiern, Erntedank-Andachten und auch Erntedank-Tänzen unserer Aufgabe gegenüber der Umwelt, der Schöpfung, gedacht werden. Es müßte wieder deutlich werden, daß uns zwar die Herrschaft über die Natur gegeben ist (Gen 1,26–28; Psalm 8), daß sie aber an unsere Berufung zum Ebenbild Gottes (Gen 1,26) gebunden ist; daß wir also im Sinne des Schöpfers die Welt zu gestalten haben. Nach Gen 2 hatte der Mensch die Aufgabe, das Paradies, den Garten Eden, über die »adamah«, die ungestaltete Erde, auszubreiten. Gleichzeitig sollten wir wissen, daß Gott in der Urzeit der Schöpfung den Frieden unter allen Kreaturen wollte, daß das Tier dem Menschen im Anfang nicht als Nahrung zur Verfügung stand (Gen 1,29f). Weltaufgabe kann nur im Wissen um solche Berufung zum allumfassenden Frieden recht gesehen werden.[10] Im Buch der Weisheit betet der alttestamentliche Weise zu Gott: »Gott der Väter und Herr des Erbarmens, der du das All durch dein Wort geschaffen / und durch deine Weisheit den

[10] Vgl. zum Ganzen: Jooß/Kirchhoff, Ein Hauch vom Paradies, Tierlegenden aus 2 Jahrtausenden, Freiburg 1986.

Erntekrone beim Erntedankgottesdienst

Menschen gebildet hast, daß er über die von dir hervorgebrachten Geschöpfe herrsche, / *die Welt in Heiligkeit und Gerechtigkeit leite und in aufrichtiger Gesinnung regiere*...« (Weish 9,1–3). Größe und Grenze des Menschen in der Schöpfung müßten heute beim kirchlichen Erntedank-Fest neu bedacht werden.

Ebenso wichtig scheint mir die *Ausweitung* des Erntedank-Gedankens zu sein. Zu einseitig ist er bisher auf den Dank für *landwirtschaftliche* Erzeugnisse bezogen worden. In Markdorf in der Nähe des Bodensees fand ich im großen Erntekranz über dem Altar neben den Früchten des Feldes auch ein schön gedrucktes Buch: Hier wurde Dank gesagt für den Ertrag aller geistigen Arbeit in der Gemeinde (und darüber hinaus).[11] Unter dem Kreuz steht auf dem Altar die aufgeschlagene Bibel: Dank für Gottes Wort und die Frucht, die es im vergangenen Jahr wieder in der Gemeinde gebracht hat.

So könnte der Erntedanktag einerseits ein Tag der Besinnung auf unsere Aufgabe in der Schöpfung werden – andererseits sollte es der große Danktag der ganzen Gemeinde sein für die Früchte der manuellen, der geistigen und der geistlichen Arbeit; ein Danktag, der in der Eucharistie, der lobpreisenden Danksagung an den Geber aller Gaben, seine Mitte hat.

[11] In anderen Jahren werden in der Gemeinde auch Erzeugnisse des Handwerks, der Künste, dem Erntekranz eingefügt. In Mitterteich/Opf. werden zum Erntedankgottesdienst Glaswaren und Porzellanservice aus der Produktion der städtischen Industrie aufgestellt.

Almabtrieb

Anhang: Der Abtrieb von der Alm

Eines besonderen Brauches des Erntedanks soll hier noch gedacht werden, der zwar lokal eingeengt ist, durch das Fernsehen und die Urlauber jedoch in weiten Teilen unseres Landes bekannt ist: des Abtriebs von der Alm. In vielen Teilen der Alpen werden die Kühe samt dem Jungvieh im späten Frühjahr auf die Nieder- und Hochalmen getrieben, wo sie – betreut von Sennern, Sennerinnen und Hütebuben – den Sommer über bleiben. Wenn während der Almzeit das Vieh keinen Schaden litt und wenn im Hause des Bauern kein Todesfall eintrat, wird das Vieh beim Abtrieb von der Alm bekränzt.[12] Der Schmuck (regional verschieden gestaltet) besteht gewöhnlich aus Latschenzweigen, denen »Sterne« aus eingefärbten Holzspänen o. ä. aufgesteckt werden.

Mit dem Herstellen solchen Schmuckes darf nach alter Sitte erst am Tag des Heiligen Bartholomäus (24. August) begonnen werden, warum, ist kaum noch zu erhellen.[13] Die Almleute »kranzln« dann am

12 Nach Geramb gab (gibt) es in Österreich bei einem Sterbefall im Haus des Bauern den »Klagkranz«, d. h.: das Vieh wird mit blauen, dunkelvioletten und schwarzen Bändern geschmückt und der Kranzschmuck mit einem Trauerflor behängt. Ist dagegen auf der Alm selbst beim Vieh ein Unglück geschehen (eine Seuche ausgebrochen oder ein Stück abgestürzt), so wird nicht »aufgekranzt« (160f). Für das Berchtesgadener Gebiet gilt die von mir vorgetragene Version.

13 Der Apostel Bartholomäus gilt eher als Patron des Weines: »Wissen, wo der Barthel (Bartholomäus) den Most holt.« In der Steiermark beginnt mit seinem Tag der Herbst,

Tage des Abtriebs das Vieh und begleiten es (oft in Tracht) bis zur heimatlichen Stallung.
Hier liegt ein alter Erntedank-Brauch vor, auch wenn er heute kaum noch christliches Gepräge hat. Gelegentlich wird jedoch auf der Alm ein Dankgottesdienst vor dem Abtrieb gehalten. Das zum Abtrieb geschmückte Vieh wird von einigen Sennerinnen mit Weihwasser besprengt.

daher waren das »Herbsteinschnalzen« und »Wintereinläuten« mit seinem Fest verbunden (Geramb, 149).

8 Das Brauchtum des Allerseelenfestes

8.1 Allerheiligen – Allerseelen

Das Fest *Allerseelen* am 2. November ist eng mit dem Fest *Allerheiligen* am 1. November verknüpft. Nach der »triumphierenden Kirche« (der Heiligen) gedachte die »streitende Kirche« auf Erden der »leidenden Kirche«, also der »Armen Seelen« in der Läuterung. Eigenartigerweise hat das Allerheiligenfest, das seit dem 7. Jahrhundert in der Kirche immer mehr Raum gewann und schon seit dem 9. Jahrhundert am 1. November gefeiert wird,[1] kaum Brauchtum ausgebildet, während das Allerseelenfest mit sehr reichem (Toten-) Brauch umgeben war.
Zwar werden Gebildbrote gebacken, die »Allerheiligenkücheln«, »Allerheiligenlaibl«, »Allerheiligenspitzl« oder (häufiger) »Allerheiligenstritzeln« genannt werden; sie sind aber wohl ausnahmslos Gedächtnisgaben für die armen Seelen, Opferspeisen für sie (»Seelenwecken«).[2]
Offenbar hat der Allerheiligentag kein genuines

[1] LThK I, 348. Die Verbreitung des Festes im Frankenreich erfolgte offenbar durch Ludwig den Frommen auf Bitten des Papstes Gregor IV. (ebd.)

[2] Nach W. Scheingrabe beschenkten sich am »Spitzltag« junge Liebende mit solchen Gebildbroten.

Totenbrote (Allerheiligenstriezl, Neujährle [?])
aus der Oberpfalz, Kreis Tirschenreuth

Brauchtum hervorgebracht. Die Faszination (oder das Tremendum) des Todes, die Furcht vor der Qual im »Fegfeuer«, aber wohl auch eine Angst vor »umgehenden«, unerlösten Toten, haben die Feier der vollendeten Menschen, der Heiligen, ins Maß gesetzt. So war es folgerichtig, den Gräbergang zu den Gräbern der Verstorbenen der Gemeinde schon mit dem 1. November zu verbinden.

8.2 Entwicklung des Allerseelenfestes

Die Feier des Festes am 2. November geht auf den großen heiligen Abt Odilo von Cluny (994–1048) zurück.[3] Er bestimmte für alle seine Klöster, daß »am Tage nach dem Allerheiligenfest das Gedächtnis aller verstorbenen Gläubigen durch Messen, Psalmen und Almosen allgemein gefeiert werde«.[4] Unter dem überragenden Einfluß Clunys verbreitete sich das Fest schnell. Papst Benedikt XV. gestattete am 10. 8. 1915 (im Ersten Weltkrieg) den Priestern, an diesem Tag dreimal zu zelebrieren.[5]

8.3 Das Brauchtum des Allerseelenfestes

8.3.1 Requiem und Gräbergang

Die tragende Mitte des Allerseelenbrauchtums bildet die Eucharistiefeier zum Gedächtnis der Toten, das Requiem,[6] das ja auch die Mitte des kirchlichen Begräbnisritus' ist. Eucharistiefeiern für Verstorbene sind bereits um 170 in Kleinasien bezeugt. Sie finden am dritten Tag nach dem Begräbnis am Grabe statt. Auch das Jahrgedächtnis für die Toten dürfte nicht jünger sein. Im 4. Jahrhundert tritt das Gedenken am 7. und 30. Tage (anderswo am 9. und 40. Tage) dazu, womit vorchristliche Überlieferungen aufgenommen

3 Erste Ansätze für ein solches Fest finden wir bereits bei Isidor von Sevilla (um 560–636), der es aber am Tag nach Pfingsten feiern ließ.

4 LThK I, 349.

5 Das Privileg hat jedoch eine Vorgeschichte, die bis ins 15. Jahrhundert reicht. (LThK ebd.)

6 Es wird so genannt nach dem ersten Wort des lateinischen Eingangsverses: »Requiem aeternam dona eis domine...« (»Ewige Ruhe gib ihnen, o Herr...«).

werden. Die Eucharistiefeier tritt an die Stelle der alten Totenopfer, vor allem des »Refrigeriums«, des üblichen »Totengedächtnismahles«, das an der Grabstätte eingenommen wurde und das auch in christlicher Zeit zunächst Sitte blieb, bis es wegen vieler Mißbräuche verboten und durch die Eucharistiefeiern in der Kirche ersetzt wurde.[7]

Einige Texte des heute üblichen Requiems finden wir bereits im 7. Jahrhundert. Die liturgischen Bücher boten allerdings bis ins hohe Mittelalter verschiedene Formulare für Totenmessen an. Seit dem 12. Jahrhundert setzte sich ein Einheitsformular durch, das durch das Tridentinum verbindlich wurde. Die Liturgiereform unserer Zeit gibt wieder größeren Spielraum (vor allem in den Lesungen der Totenmesse). Die mehrstimmige Vertonung des Requiems geht ins 15. Jahrhundert zurück.[8] Die Farbe des Meßgewandes war früher schwarz, heute gewöhnlich violett.

Früher wurden (vor allem wohl in Süddeutschland) beim Requiem des Allerseelentages die Namen der Toten der Gemeinde verlesen, die »seit einem Menschenalter«[9] gestorben waren – eine endlose Reihe, bei der aber Name um Name dem Hörenden die Vergänglichkeit des Irdischen vor Augen stellte.

7 Vgl. zum ganzen: J. A. Jungmann, Missarum sollemnia I, Wien 1949, 275ff.

8 Seit dem 19. Jahrhundert wird der Name auch für oratorien- und kantatenhafte Kompositionen gebraucht, die auf freien Texten basieren (so daß die Bezeichnung Requiem nur die Grundstruktur des Werkes angibt); vgl. Großer Herder 7, 1051.

9 Stonner, 154.

Ein Gräbergang am Nachmittag des Allerheiligenfestes ist schon 1578 bezeugt[10] – wahrscheinlich ist der Brauch sehr viel älter. Die Gräber werden geschmückt, und das »Seelenlicht« wird aufgestellt, das über den Allerseelentag brennt.[11] Die Kerze ist Symbol des »ewigen Lichtes«, das dem Verstorbenen leuchten möge. In vielen Gegenden kommen die Kinder und Freunde der Verstorbenen von weither, um das Grab der Eltern oder der Freunde zu besuchen. Nach einer Andacht für die Toten zieht die Gemeinde in Prozession zum Friedhof, wo die geschmückten Gräber gesegnet werden.

8.3.2 Allerheiligen-(Allerseelen-)Backwerk

Der Brauch, an Allerheiligen zum Gedächtnis der Toten oder als Seelenopfer »Seelenbrote, Seelenzöpfe, Allerheiligenstritzel, Allerheiligenlaibl ...« zu backen und an Kinder und Arme (gelegentlich auch an Reiche!) zu verschenken, hat wohl viele Wurzeln.

Eine Wurzel dürfte die Praxis der »Opfergänge« sein, bei denen die Christen Brot und Wein zum Altar brachten, damit die eucharistischen Gaben daraus erwählt wurden. Die Synode von Mâcon ordnete 835

10 Stonner, 153.

11 Heute brennt in Nord- und Süddeutschland oft das ganze Jahr über ein solches Licht auf den Gräbern. So wird eine mittelalterliche Sitte aufgenommen, die dem Vorübergehenden als »memento mori« dient und ihn daran erinnern soll, für die Verstorbenen zu beten.
Die alte Sitte, Lichter vor den Bildern der Verstorbenen in der Stube brennen zu lassen, gilt heute ebenfalls für viele Tage des Jahres.

Gerhard mit Totenbrot

für Gallien an: »An allen Sonntagen werde das Opfer des Altares, sowohl Brot als auch Wein, von allen Männern und Frauen dargebracht.«[12] Da meist mehr gespendet wurde, als für die eucharistischen Gaben notwendig war, wurden die übrigbleibenden Gaben gesegnet und als »Eulogien« unter die Gläubigen ausgeteilt. Hinkmar von Reims gebietet 852 ausdrücklich, daß alle, die nicht kommunizieren, wenigstens die Eulogien essen und trinken sollen.[13] Erst später (um 1100) setzt sich die Geldspende durch, die bis heute üblich ist.

Dennoch erhielt sich auch das Brotopfer. In Frankreich werden die gesegneten Brote (Eulogien) noch heute nach den Gottesdiensten ausgeteilt. In den Krönungsmessen wurden Brote gesegnet und hernach als begehrte »eulogia regis« an die Gläubigen verschenkt.

Da sich vor allem bei Hochzeiten und Begräbnissen der Opfergang erhalten hat (oft noch als Umgang um den Altar), liegt es nahe, den Brotbrauch an Allerheiligen und Allerseelen in solchem Zusammenhang zu sehen.

Eine andere Wurzel mögen heidnische Haar- oder Totenopfer sein.[14] Bis heute ist es ja in manchen

12 Veit/Lenhart, 228.

13 Veit/Lenhart, ebd.

14 Die Form der Totenbrote ist sehr verschieden. Oft finden wir den geflochtenen Zopf, der wohl zur Theorie der »Haaropfer« entscheidend beitrug; daneben das rechteckige, ausgekerbte, also leicht in Stücke zu brechende Totenbrot. In Süddeutschland (Oberpfalz) gibt es verziertes Allerseelengebäck, das wegen seiner Form (vgl. die beigefügten Abbildungen) »Knaufgebäck« genannt wird,

Ländern üblich, am Allerseelentag für die Toten Speisen zu den Gräbern zu tragen und dort gelegentlich ein Mahl zu halten.[15]

beim Volk gewöhnlich als »Pupperl« bekannt. Nach Burgstaller (Das Allerseelenbrot, Linz 1970; Sonderauflage [Folge 7] des Deutschen Brotmuseums, Ulm 1971) hat das Brot die Form menschlicher Knochen: »Sie (sc. die Allerseelenbrote) bilden aber auch, gleich den zahlreichen in den Beinhäusern Süddeutschlands, Österreichs und Italiens aufgestellten Schädeln und Langknochen von Exhumierten, ein ernstes und gerade in der Allerseelenzeit besonders eindringlich wirkendes memento mori« (67). Vgl. Oberpfalzverein, 64. In Tirschenreuth (Opf.) werden alle Jahre zum Allerseelentag tausende solcher »Knochenbrote« verkauft.
Ganz ähnliche Gebildbrote gibt es in der Eifel und im Aachener Raum und zwar als Neujahrsgebäck (»Neujährle«). Sie werden gelegentlich (Guthausen, mündlich) auf den römischen Gott Janus gedeutet und damit auf das Janusgesicht des Neujahrstages und des Jahres. Vielleicht aber wird auch hier auf *Tod* (Vergänglichkeit) und *Leben* hingedeutet, in deren Dienst das kommende Jahr stehen wird. So hätte das Brot im Westen und im Osten unseres Landes letztlich die gleiche Bedeutung.

15 Nach uralter Vorstellung ist ein für die Toten gedeckter Tisch ein Glückstisch. Die Toten zeigten sich für die Gabe dadurch dankbar, »daß sie die von ihnen übriggelassenen Speisen mit der Kraft der Gesundheit und Fruchtbarkeit erfüllten. Daher wurden diese Speisen von den Lebenden nach vollbrachter Totenfeier als Heilmittel gegessen und unter die Mitglieder der Sippe verteilt« (Geramb, 181 f). Vielleicht hängt damit der Brauch zusammen, Brote (Zöpfe) an die Patenkinder zu verschenken. In Tirol haben solche Brote noch die Form von Fruchtbarkeitssymbolen: Hase und Hahn.

8.3.3 Weiteres Brauchtum

Einen für das übrige Deutschland meines Wissens nicht belegten Brauch gibt es an verschiedenen Orten der Nordeifel und im Dürener Raum. Dort machen am Abend des Allerheiligentages, nach Einbruch der Dunkelheit, unverheiratete Jugendliche ihren »Heischegang«. Sie tragen in einem eigentümlichen Sprechgesang (Brabbeln) verschiedene Strophen eines Arme-Seelen-Liedes vor und empfangen dafür (Geld-) Gaben, die früher für Totenmessen verwendet wurden, heute aber caritativen Zwecken vielfacher Art zugewendet werden, wobei für die Sänger auch naturale Gaben abfallen. Der Brauch dient auch der Vertiefung der Gemeinschaft unter den Dorfbewohnern.[16]

Überhaupt ist verständlich, daß gerade der Allerseelentag von vielfachem Brauchtum umgeben war, wobei die Schwelle zum Aberglauben oft überschritten wurde und wird. Der Volksglaube hat immer daran festgehalten, daß bestimmte Tote »umgehen«, daß sie als Seelengeister, Irrlichter, aber auch als geheimnisvolle Tiere (Kröten, Unken, Frösche) erscheinen, um ihre Seelenruhe bitten oder andere an ihre Schuld erinnern. Viele Bräuche sind aus solcher Wurzel zu erklären. Peter Rosegger erzählt vom Allerseelentag: »Da wird in der Steiermark an diesem Tage keine Tür und kein Tor etwa gewaltsam zugeschlagen, aus Furcht, eine arme Seele zu zerquetschen. Da wird kein Messer auf dem Rücken, kein Rechen mit den Zinken nach oben liegengelassen, aus Vorsicht, daß nicht irgendeine arme Seele dar-

[16] K. Guthausen, mündlich.

über stolpere, sich ritze oder schneide. Auch darf an diesem Tag keine leere Pfanne über dem Feuer stehen, damit sich nicht unversehens eine arme Seele hineinsetze und elend verbrenne. Ferner ist es unstatthaft, einem Frosch oder einer Kröte etwas zuleid zu tun, da man nicht wisse, ob nicht eine arme Seele in Gestalt dieser Tiere an ihrem Tag sichtbar werde.«[17]

Es gibt mehr solche Zeugnisse uralt-fragwürdigen »Arme-Seelen«-Glaubens. Das Gesagte mag genügen. Aber ein altes Wissen des Volkes weiß auch, daß wir nicht nur *für* die »Armen Seelen« beten sollen, sondern auch *zu* ihnen[18], damit sie (gleichsam als »Vorerlöste«) für uns bei Gott eintreten. Solcher Brauch könnte die Theologie der Läuterung neu bewußt machen und dem Wissen um die Gesamtkirche neue Impulse geben.

8.4 Exkurs: Totenbräuche

Die Überführung der Toten in die Leichenkapellen der Friedhöfe hat zur Verarmung der Totenbräuche geführt. Die Tabuisierung des Todes, hervorgegangen aus immer größerer Todesangst, tut ein übriges. So ist es gut, sich im Zusammenhang mit dem Allerseelentag und dem »Toten-Monat« November der

17 Zit. nach Schönfeldt, 275.

18 Eine vor allem in Süddeutschland und Österreich geübte Andacht war und ist die zu den »Sieben heiligen Zufluchten«. Zu ihnen gehören neben der Dreifaltigkeit, dem Gekreuzigten, dem eucharistischen Herrn, Maria, »allen Engelsgeistern« und »allen im Himmel wohnenden heiligen Menschen« eben auch die Armen Seelen in der Läuterung.

Totenbräuche zu erinnern, die sich in vielen Gegenden des deutschsprachigen Raumes erhielten.
Wenn jemand noch zu Haus, im Kreis der Familie, stirbt, gibt man ihm Sterbekreuz und Rosenkranz in die Hand und betet am Totenbett. Die Totenglocke läutet. Der »Totenrosenkranz« ist vielerorts an den Tagen, an denen der Tote »über der Erde steht«, bis heute üblich. Das Totenlicht brennt bis zur Beerdigung im Hause des Toten.
In einigen Orten Süddeutschlands und Österreichs bleibt der Sarg bis zum Begräbnis im Hause. Dort versammeln sich die Nachbarn zum Gebet. Bis vor einer Generation hat man gelegentlich um den Sarg von Kindern (die man ja, da sie zu schweren Sünden noch unfähig waren, bei Gott wußte) gebetet, geschmaust und getanzt.[19]
Andere Bräuche haben sich auch in ländlicher Umgebung verloren. So wurde in der Rhön beim Tode des Bauern das Vieh »aufgescheucht«, wurden die Bienenstöcke umgestellt, Blumentöpfe umgerückt; das Saatkorn wurde in andere Säcke gefüllt.[20] Überhaupt wurde dem Vieh des gestorbenen Bauern (der Bäuerin) und den Obstbäumen der Tod ihres Herrn ange-

[19] Lorenz, mündlich. Auch in andern Gegenden Deutschlands waren früher »Totenwachen« üblich, bei denen die Beter in den Gebetspausen »mit einem Imbiß und Getränken, meist Branntwein, bewirtet (werden) mußten und in denen gruselige Geschichten, Sagen und Legenden erzählt wurden. Man war der Auffassung, daß der Tote unterhalten werden müsse« (Dürener Geschichtsblätter, 66 [1977], 81 f). Als die Gebetspausen immer länger wurden und sich Mißbräuche einstellten, wurde die (häusliche) Totenwacht vielerorts verboten.
[20] Winterling, 104.

Totenschädel in einer Friedhofskapelle

sagt.[21] In Westfalen kündete man den Bienen den Tod des Herrn mit den Worten an: »Imme, Imme, din Herr ist dod, / nu bliw du bi mi in mine Not.«[22] Hier war das Bewußtsein lebendig, daß Tier und Pflanze mit zum Leben des Bauern gehören und so durch seinen Tod betroffen sind.

21 Stonner, 208; vgl. E. Mogk, Die deutschen Sitten und Bräuche, Leipzig u. Wien 1921, 32.

22 Winterling, ebd. Ähnliches berichtet A. Becker aus der Pfalz (a.a.O., 237).

An das Begräbnis schließt sich ein »Leichenschmaus« an, gelegentlich tiefsinnig der »Tröster« genannt[23], zu dem die Verwandten und viele andere Teilnehmer am Begräbnis geladen werden.
Das Sechswochenamt und das Jahrgedächtnis für den Toten sind in katholischen Gemeinden bis heute üblich.
In einigen Gemeinden Österreichs und Bayerns wurden die bei der Wiederbelegung von Gräbern ausgegrabenen Totenschädel um die Kreuze oder Kreuzigungsgruppen im Vorraum der Kirche oder Friedhofskapelle gelegt, oft mit gemaltem Laubwerk verziert und mit dem Namen der Toten versehen. Das »memento mori« ist unüberhörbar. Auch die »Beinhäuser« (Karner), in denen die Knochen und Schädel ausgegrabener Toter gestapelt werden, standen im Dienste eines solchen Memento-Rufes.
In Bayern (vor allem in Bayerischen Wald, aber auch in Niederbayern und der Oberpfalz) und im alemannischen Raum gab es die heute zum Teil neubelebte Sitte, zum Gedächtnis der Toten »Totenbretter« aufzustellen. Ursprünglich war es das Brett, auf dem der Tote aufgebahrt und zu Grabe getragen wurde.[24] Man

23 Winterling, 105f.

24 Der Totensarg, wie wir ihn heute kennen, setzte sich erst um 1700 herum in Nürnberg durch, während man in der Schweiz noch um die Wende vom 18. zum 19. Jahrhundert die Toten auf dem »Bahrbrett« zu Grabe trug (Veit/Lenhart, 169).
Die »Totenbretter«, die im Rheinland gebraucht wurden, und die sich z. T. in den Museen – wie etwa in Heinsberg – erhalten haben, hatten eine andere Funktion. Sie wurden während der Zeit, in der der Tote »über der Erde« stand, am Eingang des Hauses (Hofes) aufgestellt und danach

Totenbretter an der Außenwand einer Kapelle

ließ den Leichnam dann vom Brett in das Grab rutschen. So ist bis heute der Ausdruck »brettlrutschen« für Sterben in einigen Teilen Süddeutschlands gebräuchlich. Vielleicht hat man zunächst das Brett vor dem Zuschaufeln des Grabes über den Toten gelegt, so daß eine Art Grabkammer entstand. Später wurde das Brett zur Erinnerung an den Toten (die Tote) aufgestellt, und zwar an solchen Stellen (Feldkreuzen, Kapellen, Wegkreuzen, markanten Baumgruppen, aber auch an den Wänden der Scheunen, Heustadl usw.), an denen Wanderer und Dorfbewohner verübergingen. Sie luden zum Gebet für die Toten ein und erinnerten jeden an seinen unvermeidlichen Tod.[25]

Die alten Totenbretter waren sehr schlicht gehalten. Neben meist drei ausgekerbten Kreuzen trugen sie den Namen des (der) Toten, Geburts- und Sterbedaten. Erst als die Bretter Gedächtnischarakter beka-

(bis zum nächsten Todesfall) beim Dorfschreiner oder Küster aufbewahrt. Diese Totenbretter waren mit Totenköpfen, Engeln, einfachen Kreuzen ... bemalt, trugen gelegentlich eine Inschrift, die dem memento mori galt, und immer den alten Segenswunsch: »Requiescat in pace« (Dürener Geschichtsblätter, 69 [1980], 107 ff.).

25 Sicher hat auch der Aberglaube eine Rolle gespielt. So glaubte man, daß der Tote erst dann seine ewige Ruhe fände, erst (oder zumindest) dann ganz erlöst sei, wenn das Totenbrett vermodert sei. Daher legte man es an sumpfige Stellen, überbrückte kleine Bäche damit, um das Faulen des Holzes zu beschleunigen. In ähnlicher Weise glaubten ja manche Stifter der Grabplatten, die in die Böden der Dome und Kathedralen eingelassen wurden, daß sie zumindest dann aus dem Fegfeuer erlöst würden, wenn die Füße der Beter (Besucher) diese Grabplatten »abgewetzt« hätten.

Totengedenktafel bei Schwaz im Inntal/Österreich

men, wurden sie mit Sprüchen versehen und zum Teil bemalt. Die Sprüche vertiefen das »memento mori« oder sollen die Taten des (der) Verstorbenen zum Gedächtnis aufbewahren:

»Wanderer, steh still und schau:
Was du bist, das war ich auch,
was ich bin, das wirst du werden,
eine Asche in der Erden.«[26]

Die derb-heiteren Sprüche von angeblichen Totenbrett- oder Marterlinschriften, die immer wieder in Sammlungen erscheinen, dürften sich bei näherer Untersuchung wohl meist als Einfälle der Herausgeber erweisen oder gar als »Schöpfungen von Witzbolden«.[27]

An den Orten, an denen ein Verwandter, Freund, Arbeitskollege plötzlich vom Tod überrascht wurde, wird von den Angehörigen oder Freunden oft ein

26 Vgl. J. Arweck, ... »was ich bin, das wirst du werden«, Kirchenzeitung für das Bistum Aachen, 39. Jg., Nr. 44, 11; Veit/Lenhart, 169 u. a.

27 Das Seminar für Landes- und Volkskunde an der Universität Regensburg hat in zehnjähriger Arbeit die Inschriften von Marterln, Wegkreuzen, Totenbrettern ... erfaßt (Raum Ostbayern) und nicht ein einziges Objekt mit solch derb-heiteren Sprüchen entdeckt. (Hofbauer, 189 ff.)
So gehören leider wohl auch jene Verse in das Reich der Phantasie, die uns den unsterblichen Reim von »Rettig« auf »gnädig« geschenkt haben:
»Du fragst, wer logiert da drin? / Es ist die Anna Schnitzelin. / Sie lag mit 45 Jahr / grad zu Martini auf der Bahr. / Sie war von allen Lasten frei / und trieb sehr stark die Gärtnerei. / Sie hat gebaut viel Rub'n und Rettig / Gott sei der armen Seele gnädig! Amen.« (Hofbauer, ebd.)

»Marterl«, ein Bildstock, eine Erinnerungstafel aufgestellt, die das Gedächtnis des Toten der Nachwelt überliefert und den Wanderer zum Gebet und zur Besinnung einlädt.
Allgemeine Sitte ist es geblieben, Sterbebildchen beim Begräbnis auszuteilen. Sie tragen ein Andachtsbild, die Namen des (der) Toten, Geburts- und Sterbetag sowie ein Gebet der Fürbitte für die Toten. Manchmal zeigen die Sterbebilder auch das Foto des Verstorbenen.

8.5 Perspektiven

Das Requiem für die Toten (wie überhaupt die Eucharistiefeier für Verstorbene) wird bleiben, solange es Kirche gibt. Bleiben werden die Sterbebilder zum Gedächtnis der Toten. Bleiben wird auch der Gräbergang am Allerseelentag, bleiben werden an diesem Tag die Lichter auf den Gräbern. Und an den Gedenktagen unserer Toten werden vor ihren Bildern die Kerzen in den Stuben brennen.
Bleiben oder erneuert werden sollte das Gebet für die Toten in den Tagen vor dem Begräbnis. Hier kann der »Totenrosenkranz« gebetet werden; hier können auch Totenandachten oder Wortgottesdienste gehalten werden. Solche Totengebete zeigen, wie sehr auch die Toten Teil der Gemeinde sind, ihrem Fürbittgebet anheimgegeben. Sie machen aber auch den Tod wieder in der Gemeinde heimisch, stellen jeden vor die Sinnfrage von Leben und Tod.
Sinnvoll wäre es in kleineren Gemeinden, Bilder der in einem bestimmten Zeitraum Verstorbenen (ein

Jahr oder drei Jahre könnten vorgesehen werden) im Turm der Kirche, in der Taufkapelle oder einer Seitenkapelle aufzuhängen, so daß die Toten im Gedächtnis der Gemeinde bleiben und die Gemeinde zum Gebet für sie aufgerufen wird.

Der Brauch, Totenbretter (Marterl) aufzustellen, könnte (wo immer er heimisch war oder ist) wiederbelebt bzw. gepflegt werden. Nach örtlicher Gepflogenheit können sie bei Wegkreuzen, neben Feldkapellen (oder an deren Außenwänden), an Scheidewegen oder in der Nähe der Häuser/Gehöfte aufgestellt werden. Heimatpfleger, Lehrer, Pfarrer werden bei der Gestaltung sicher ihre Hilfe anbieten.

9 Das Brauchtum des Hubertusfestes

9.1 Entwicklung der Verehrung des Heiligen und die Geschichte seines Festes

Die legenda aurea des Jacobus de Voragine erzählt, daß dem Kriegsobersten des Kaisers Trajan, Eustachius, bei einer Jagd ein edler Hirsch erschien, den er verfolgte und stellte. Als er sich dem Hirsch näherte, sah er, daß dieser zwischen den Geweihstangen ein Kreuz mit dem gekreuzigten Herrn trug. Der Gekreuzigte sprach (durch den Mund des Hirsches) Eustachius an und lud ihn und seine Familie ein, Christ zu werden, da er sich durch seine guten Werke schon jetzt auszeichne. Eustachius gehorchte. Unter Adrianus erlitt er nach schweren Leiderfahrungen den Tod des Märtyrers.
Eustachius gehört zu den 14 Nothelfern und wird mit dem kreuztragenden Hirsch dargestellt.[1]
Seit dem 15. Jahrhundert wird die Hirschvision – zunächst vereinzelt – auch dem Heiligen Hubertus zugeschrieben, der von 709–728 Bischof von Lüttich

[1] Alle älteren Darstellungen der »Hirschszene«, die einen *Reiter* vor dem Hirsch zeigen, stellen St. Eustachius dar (Pisanello, Dürer u. a.). Die älteste Darstellung der Eustachiuslegende finden wir in einem Glasfenster der Kathedrale von Sens (Ende des 12. Jahrhunderts).

(Tongern) war.[2] Eine solche Vision ist historisch nicht nachweisbar und unwahrscheinlich, da vor allem die einzig einwandfreie Quelle, die erhaltene Vita St. Hugberti (Valenciennes), sie verschweigt.[3] Da auch die legenda aurea sie nicht anführt,[4] ist mit Sicherheit zu sagen, daß die Eustachius-Legende später auf den hl. Hubertus übertragen wurde.[5]

Die Verehrung des hl. Hubertus als eines Patrons der *Jäger* geht in die letzten Jahrhunderte des ersten

2 A. Paffrath, Die Hubertuslegende, Hamburg ^{2}1979, 16. Die Erscheinung eines kreuztragenden Hirsches, der gewöhnlich den Ort zur Gründung eines Ordens oder eines Klosters angibt, ist von Ida von Herzfeld, Katharina von Vadstena, Johannes von Matha, Meinolfus und Felix von Valois berichtet.

3 Beim Brand im Jahre 1568 (Hugenottenaufstand) wurden in der Abtei St. Hubert in Belgien, in der die Gebeine des Heiligen ruhten, alle verfügbaren Akten, Viten, Reliquien zerstört (Paffrath, 18). Die hier angegebene Vita blieb erhalten, weil sie nicht zum Klosterbesitz gehörte.

4 Jacobus de Voragine, der Verfasser der legenda aurea, war ein kritischer Sammler der alten Legenden, der das Glaubwürdige vom Unglaubwürdigen zu scheiden wußte und in Zweifelsfällen auch seine Zweifel äußerte. Wunder in der Art der Hirschvision des Eustachius hatten in seiner Zeit einen sehr hohen Stellenwert. Hubertus aber wird in der legenda aurea nicht einmal mit Namen genannt.

5 Das Fest des heiligen Hubertus wird am 3. November gefeiert, dem Tag der Erhebung seiner Gebeine im Jahre 744. Das war aber – nach Ausweis der alten römischen Martyrologien – auch der Festtag des heiligen Eustachius (2./3. November). Dieser Tag bedeutete in früherer Zeit auch das Ende der »Hohen Jagd«, also vor allem der Jagd auf Rotwild (Hirsche). Im bekannten Bild des Exhumationsmeisters »Die Exhumation des hl. Hubertus« (um 1440) fehlt das damals offenbar noch unbekannte Hirschattribut.

Krummstab des Ordenspriors des Wittelsbacher Sankt Hubertus Ritterordens, Augsburg um 1725

christlichen Jahrtausends zurück. Nach Paffrath wurden von der noch heidnischen Jägerschaft des Ardennengebietes der Jagdgöttin Diana die Erstlinge der Jagd als Opfer dargebracht. Hubertus habe bei der Christianisierung solchen Brauch nicht ausgetilgt, habe aber die Erstlingsopfer nun dem heiligen Petrus zukommen lassen. Später – als Hubertus als Heiliger verehrt wurde – seien solche Opfer dann ihm selbst dargebracht worden.

Auch die alte Legende, daß der Heilige »mit seinem goldenen Schlüssel den von tollen Hunden Gebissenen Heilung verschafft habe« und verschaffen könne, mag viel zu seiner Verehrung und Volkstümlichkeit beigetragen haben.[6]

So war es nicht schwer für Herzog Gerhard II. von Jülich-Berg (1437–1475), die Hirschvision des Eustachius auf den hl. Hubertus als den Patron der Jäger zu übertragen. Nach seinem glänzenden Sieg am 3. November 1444 über Arnold von Egmont (Herzog von Geldern) stiftete er den ritterlichen St.-Hubertus-Orden und verhalf damit der (Hirsch-) Legende, die vielleicht schon beim Volk im Umlauf war, zum Durchbruch. Die bildende Kunst nahm – zunächst zögernd, dann bereitwilliger – das Motiv auf.[7]

Die Mönche von St. Hubert in den Ardennen, bis heute der Mittelpunkt aller Hubertus-Verehrung,

[6] Zur Wirkungsgeschichte dieser Legenden vgl. Paffrath, 25 ff u. ö.

[7] So malte J. Breughel d. Ä. sein Gemälde »Landschaft mit dem hl. Hubertus« und Hans von Marees sein Reitertriptychon mit dem heiligen Hubertus. Im allgemeinen wird der Hirsch in der Kunst als »Zehnender« dargestellt, so an die 10 Gebote erinnernd.

haben im Verein mit der Jägerschaft die Verehrung des Heiligen vorangetrieben und weltweit gemacht.

9.2 Das Brauchtum des Festes

Seit vielen Jahrhunderten ist es üblich, am Tage des hl. Hubertus eine Jagd, meist eine Treibjagd auf Sauen oder Hasen (Füchse) und Fasanen, zu halten.[8] Vielerorts wurde vor solchen Jagden ein Gottesdienst zu Ehren des hl. Hubertus gefeiert. Wahrscheinlich gehen solche Eucharistiefeiern schon in das 9. oder 10. Jahrhundert zurück.[9] Als die Metallhörner Jagdinstrumente wurden (16./17. Jahrhundert), wurden sie auch bei solchen »Hubertusmessen« verwandt. Eine spezielle Musik für solche Hörner[10] bei Hubertus-Messen ist jedoch erst für den Anfang des 19. Jahrhunderts nachzuweisen.[11]
Der Brauch, am Festtag des Heiligen eine »Hubertus-Messe« zu feiern, war jedoch nicht sehr verbreitet. Eine Wiederbelebung des Brauchtums ging von den Hubertus-Messen aus, die mit einer französischen

8 Die früher – vor allem an den Fürstenhöfen – beliebten Hetzjagden, meist auf Hirsche (= Parforcejagd), bei der das edle Wild zu Tode gehetzt wurde, sind – Gott Dank – verboten und bei der Jägerschaft verpönt.

9 A. Adam, Im grünen Wald ein Blick zum Himmel?, Hamburg 1979, 18f.

10 Verwendet wurden meist die großen Parforcehörner, die auf den Parforcejagden Verwendung fanden.

11 Adam, 19.

Parforcehorn-Gruppe (Sonneurs de Cheverny) in Düsseldorf 1954 und vor allem in Xanten 1960 (anläßlich der Tagung des deutschen Falkner-Ordens) gefeiert wurden. Heute wird an vielen Orten Deutschlands der Hubertustag mit einer feierlichen Hubertus-Messe begangen (oder mit einem Hubertus-Gottesdienst in evangelischen Kirchen). Die Gottesdienste sind meist überfüllt und finden ein so großes positives Echo, daß der Brauch wohl lebendig bleiben wird.
Gerade darum aber sollten die Möglichkeiten und Grenzen solchen Brauches geprüft werden.[12]
Zunächst darf die Spannung nicht übersehen (oder verharmlost) werden, die zwischen der Jagd, bei der Kreatur getötet wird, und der Eucharistiefeier besteht, in der das Gedächtnis des Lebens, Sterbens und der Auferstehung dessen gefeiert wird, um den nach Mk 1,12f die Kreatur befriedet war. Jesus nimmt die alttestamentliche Schöpfungstheologie auf,[13] die im Anfang und »letzten Endes« den Frieden aller Kreaturen (Schalom) will. In der »Zwischenzeit« werden die Berechtigung der Jagd (bei der sich die Akzente – wenn verantwortlich gejagt wird – immer mehr zugunsten der Hege verschieben) und die Ethik des verantwortlichen Jägers nicht angezweifelt;[14] dennoch muß die Zwiespältigkeit des jagdlichen Tuns gesehen und nicht zuletzt in der

12 Vgl. die sehr guten Ausführungen bei Adam, 22ff.
13 Vgl. die Ausführungen zum Erntedank-Fest, S. 91ff.
14 Wir sollten nicht vergessen, daß Haydn, als er an seiner »Schöpfung« und den »Jahreszeiten« arbeitete, am Neusiedler-See Enten und Gänse jagte: Die Jagd vertiefte das gewaltige Schöpfungslob seiner Musik.

Predigt solcher Gottesdienste ehrlich reflektiert werden.

Der gelegentlich geübte Brauch, Waffen (Gewehre, Saufedern o. a.) mit zum Gottesdienst zu bringen, sollte nicht Raum greifen. Die Gotteshäuser hatten Jahrhunderte hindurch Asylrecht: ein Bewaffneter durfte sie nicht betreten. Das sollte auch für unsere Zeit gelten.[15]

Anders steht es mit der Frage, ob Jagdhunde, vor allem aber Beizvögel (Habicht, Falke) mit zu solchen Gottesdiensten gebracht werden sollten. Der Brauch ist alt. Könige und Fürsten brachten Beizvögel und Hunde zum Gottesdienst mit.[16] Wenn die Erlösung durch Jesus Christus ein *kosmisches* Geschehen ist, wenn alle Kreatur darauf wartet, »befreit zu werden zur Freiheit der Herrlichkeit der Kinder Gottes«, wenn sie »seufzt und in Wehen liegt«, bis der Neue Himmel und die Neue Erde vollendet sind (Röm 8,19ff) – dann dürfte einer gelegentlichen Teilnahme von Tieren am Gottesdienst nichts im Wege stehen. (Der Störfaktor muß natürlich sorgfältig bedacht werden.)

Nichts ist einzuwenden gegen einen reichen Schmuck der Kirche und des Altares durch Zweige und Blumen, so daß die Natur in den Gottesdienst

15 Hier stimme ich A. Adam nachdrücklich zu (a.a.O., 19).

16 Vgl. etwa den Holzschnitt, den H. Weiditz 1520 zum Gedächtnis Kaiser Maximilians († 1519) schuf. Der Kaiser nimmt in Augsburg am Gottesdienst teil. Seine Jagdhunde spielen (im Vordergrund) in der Kirche. (C. Clewing, Musik und Jägerei, Neudamm u. Kassel 1937, 41.)

einbezogen wird. Natürlich kann eine solche Eucharistiefeier auch im Freien stattfinden. Berichte darüber deuten jedoch die Gefahr an: »Es war inzwischen ganz dunkel geworden. Zahlreiche Fackeln flammten auf und umstellten eine Waldwiese in einer einsamen Bucht der Vogesenberge. Auf ihr lag ein Damhirsch gestreckt und war ein einfacher Altar errichtet ... Ein Pater erklomm den zu einer Predigerkanzel geschmückten Hochsitz ... und hielt ... die sehr zu Herzen gehende Hubertuspredigt. Dann hallten das Waldtal entlang die feierlichen Klänge der Hifthörner ...« Hier droht falsches Pathos oder eine Naturschwärmerei, die mit Liturgie nichts mehr zu tun hat. Leicht wird hier die (barocke) Einheit eines Weltbildes vorgetäuscht, das längst zerbrochen ist.

Problematisch ist die Sitte, einen Teil der Jagdbeute (Hirsch, Reh, Hase) vor dem Altar »aufzubahren«. Das getötete Tier ist kein Schauobjekt (hier sollten ein Hirschgeweih oder ein Rehgehörn genügen) – allenfalls könnte beim Opfergang der Hubertusmesse Wild für caritative Zwecke »geopfert« werden. Bei der gelegentlichen Drapierung eines Hirschgeweihes mit einem Kreuz (zum »Hubertushirsch«) wird die Grenze zum Kitsch allzu leicht überschritten.

Grundsätzlich bleibt am Ende die Frage, ob solche Hubertus-Messen immer mehr zu einem Konzert werden – wobei die Frage zu stellen ist, ob auf Dauer die musikalische Qualität in Kompositionen und Darbietung ausreicht – oder ob sie wirklich die Begegnung der Jäger (oder doch eines Teiles von ihnen) mit dem Herrn der Eucharistie ist, in dessen Tod und Auferstehung die Neue Schöpfung anbrach, für die all unsere Natur Bild und Gleichnis ist. Sicher dürfte für viele Menschen die Hubertus-Messe eine Brücke zur Kirche und zum Glauben sein – oder sie doch einladen, die Frage nach dem Sinn des Lebens und dem Sinn der gesamten Schöpfung (neu) zu stellen.

10 Das Brauchtum des Martinsfestes

10.1 Leben und Kult des Heiligen

St. Martin lebte und wirkte im 4. Jahrhundert. Er soll 316 oder 317[1] geboren sein, und zwar in Sabaria in Pannonien (jetzt: Steinamanger). In Pavia erzogen, trat er früh in die römische Armee ein und diente unter Constantius, später unter Kaiser Julianus.[2] In dieser Zeit hat nach der legenda aurea die Mantelteilung in Amiens stattgefunden.
Mit 18 Jahren wird Martin Christ, verläßt die römische Armee und wird Schüler des Hilarius von Poitiers. Nach Missionsjahren (?) im Illyricum wird er Einsiedler auf der Insel Gallinari (bei Genua). 361 gründet er in Ligugé das erste Kloster Galliens (und wohl des Abendlandes), wird 371 (trotz der Opposition verschiedener Bischöfe) Bischof von Tours und gründet 375 das Kloster Marmoutier, das »zu einem Zentrum asketischer Kultur und zu einer Pflanzstätte für Bischöfe wurde«.[3] Persönlich untadelig, verzehrte er seine Kraft im Dienst der Mission und der Seelsorge; als Wundertäter war er beim Volk außer-

1 Bächtold-Stäubli gibt als Geburtsjahr 336 an.
2 LThK V, 118, wohl aufgrund der Angaben in der legenda aurea (1860ff).
3 LThK, ebd.

Sankt Martins Mantelspende, Oberschwaben um 1440

gewöhnlich beliebt. Er starb am 8. 11. 397 bei einer Seelsorgsreise.[4]
Die Verehrung des Heiligen weitete sich rasch aus. Er war einer der ersten Heiligen, die mit offiziellem kirchlichen Kult gefeiert wurden. Schon im 5. Jahrhundert wurde über seinem Grab eine Kapelle gebaut, dann eine Basilika, die zum Mittelpunkt des späteren Klosters St. Martin wurde. St. Martin wurde (neben Remigius) der Nationalheilige des Frankenreiches, und Chlodwig machte ihn zum Schutzherrn der fränkischen Könige und Kaiser. Sein Mantel wurde bei Schlachten im Heer mitgeführt.
Unzählige Legenden umgaben bald die Gestalt des Heiligen. Klöster wurden nach ihm benannt, Städte und Burgen. Die »Mantelteilung« wurde ein beliebtes Thema der darstellenden Kunst des Abendlandes.

10.2 Das Martinsfest im Kirchenjahr

Unmittelbar nach dem Tode des heiligen Martin wurde sein Fest am 11. November gefeiert. Als Weihnachten ein kirchliches Hochfest wurde, mit einem eigenen Festkreis neben dem des Osterfestes, zog es auch ein vorbereitendes Fasten an sich. Mailand und der Bereich der gallikanischen Liturgie begannen dieses Fasten am Tage des heiligen Martin (»Quadragesima Martini«), da die Samstage mit den

[4] Nach Bächtold-Stäubli wurde er am 11. November jenes Jahres beigesetzt.

Sonntagen nicht als Fasttage gezählt wurden. Die Ostkirche, welche die Samstage mitzählte, begann das weihnachtliche Fasten am 15. November, dem Tag des heiligen Philippus (Philippus-Fasten)[4a]. Das Martinsfasten wurde nach der Synode von Mâcon (583) in weiten Teilen der Kirche übernommen und liturgisch ausgestaltet. Das Galesianische Sakramentar sieht Mitte des 6. Jahrhunderts ein römisches Adventsfasten vor, das nur 5 Sonntage hat (sich also vom Martinsfasten bereits gelöst hat), die später auf die bis heute gültigen 4 Adventssonntage reduziert werden.[5]

Da sich die römische Ordnung in der Kirche langsam durchsetzte, verlor das Martinsfasten seine Bedeutung. Die Frage, ob sich die »Martinsquadragese« im Brauchtum niedergeschlagen hat, wird weiter unten beantwortet werden.

10.3 Das Brauchtum des Martinsfestes

a) Der sicher bekannteste, wenn auch mehr in Nord- und Mitteldeutschland als im Süden angesiedelte[6] Brauch ist der Martinszug. Kinder (und Eltern) zie-

4a Ost- und Westkirche berechneten die Anzahl der (40) Fasttage offenbar vom 6. Januar her rückwärts (wobei die in diese Zeit fallenden Festtage verschieden angerechnet wurden).

5 Vgl. G. Krause, G. Müller (Hg.), Theologische Realenzyklopädie, Bd. XI, Berlin–New York 1983, 53.

6 Hier dürften alte Aversionen gegen den Stammesheiligen der *Franken* eine Rolle gespielt haben (vgl. Hofbauer, 314). Erst als das Frankenland zu Bayern kam, blühten einige Martinsbräuche auf.

hen mit (selbstgebastelten) Fackeln durch das Dorf oder den Stadtteil und singen die alten Martinslieder. Oft reitet St. Martin auf einem Schimmel,[7] wenn ein solcher vorhanden ist, im Zuge mit. Nach dem Umzug wird an verschiedenen Orten die Szene der Mantelteilung gespielt. Den Schluß bilden das Entzünden des Martinsfeuers und die Austeilung der Martins-Tüten (Martinsgaben).

Der Brauch ist nach 1945 neu belebt worden und wird sich erhalten. Leider bleiben dabei (oft wegen der Unfähigkeit der Veranstalter) große Chancen ungenutzt. Denn vor allem die Bettlerszene ergreift als »Bild«: Im Bettler ruft der notleidende Mensch um Erbarmen, und ihm wird Erbarmen zuteil. – Aber

[7] Immer wieder wird der Versuch gemacht, das Fest des Heiligen aus alten heidnischen Festen herzuleiten. Schönfeldt schreibt: »Sein Gedenktag wurde in einen Zeitabschnitt gelegt, in dem in vorchristlicher Zeit ein dem Wotan geweihtes Herbstdankfest gefeiert wurde. Das ist der Grund, warum sich in das Martinsfest viele heidnische Gebräuche mischen« (279). Der im Zug mitgeführte Schimmel (von dem die alte Legende ja nicht berichtet) hat gelegentlich Anlaß zu Spekulationen über die Nähe zum »Schimmelreiter« (Odin-Wotan) gegeben.

Das alles ist müßig. Das Fest ist rein kirchlichen Ursprungs. Der Schimmel ist (wohl aufgrund von Offb 19,11–14) Insignie des christlichen Kaisers (LCI 3,412) und Attribut der Heiligen. (R. Hindringer, Der Schimmel als Heiligen-Attribut, Oberdeutsche Zeitschrift für Volkskunde 5 [1931], 9ff). Er, den durchgängig die tugendhaften Menschen reiten, verkörpert gegenüber dem Rappen das *gute* Prinzip. So sind neben den Hl. Drei Königen (Kirchendecke von Zillis in Graubünden) viele Heilige als auf einem Schimmel reitend dargestellt. (Zur ikonographischen Bedeutung des Pferdes siehe LCI, a.a.O., 411 bis 415.)

Florian beim Aufbruch zum Martinszug

dann zieht der »Ritter« einen kleinen Fetzen roten Tuches unter seinem Mantel hervor und legt ihn auf den Bettler. Warum kann hier nicht der Mantel geteilt werden, warum kann die große Geste des Erbarmens nicht sinnenfällig gemacht werden?[8] Und warum werden zum Martinsfeuer – Licht in der Nacht – nicht Reisig und Holzscheite zusammengetragen, statt der scheußlichen Obst- und Margarinekisten, die das Bild zerstören und alle Symbolwirkungen blokkieren?

b) Wahrscheinlich geht der Beginn der Karnevals- (Faschings-) Zeit am 11. November (dem Martinstag) nicht primär auf die originelle Zahl 11. Tag im 11. Monat um 11.11 Uhr zurück, sondern auf den Beginn der Martinsfastenzeit, die – ähnlich wie die »große Quadragesima« vor Ostern – Fastnachtsbräuche an sich zog.[9]

[8] In einigen Gemeinden (Eifelraum) wird die Bettlerszene *vor* dem Auszug der Prozession (gelegentlich im Rahmen einer Andacht) in der Kirche gespielt, was der Symbolik dieser Szene zugute kommt, wenn das »Bild« gewahrt wird.

[9] Die Elfzahl der »Elferräte« usw. hängt also wohl primär mit dem Datum des Martinsfestes zusammen. Die »Elf«, in der Zahlensymbolik der Ikonographie wenig beachtet und erwähnt, bedeutet in der Lehre der Kirchenväter die Sünde, da die Zahl Elf die Zehnzahl der Gebote überschreitet und Sünde eben »Überschreitung des Gesetzes« ist. Also ist 11 eine negativ besetzte Zahl – vielleicht auch von der (um Judas reduzierten) Elfzahl mancher Apostel-darstellungen her (vgl. Mohr, Lexikon der Symbole, Köln [7]1983, 312). So bedurfte es wohl eines starken Gegengewichts (Festtag des Heiligen), um die Zahl durchzusetzen. Sollten allerdings jene Forscher Recht behalten, welche die Fastnachtsbräuche *vorwiegend* aus christlicher Wurzel

Auch die *Heischegänge* am Martinsfest dürften mit diesem »ersten Karneval« zusamenhängen. Ebenso die *»Märtesmahle«*, die mit dem Kosten des ersten neuen Weines (»Märteswein«) verbunden sind.
Das in Tirol (Götzens, Wörgl) noch übliche »Martinsgestämpfe«, eine »wilde Jagd aus vermummten Gestalten mit Schellen und Peitschenknallen«[10], wobei die Vorübergehenden mit Ruß beschmiert werden, erinnert ebenfalls an alte Faschings- (Fastnachts-) Bräuche.
c) Schwieriger ist die Frage zu beantworten, wie Martin zu den *Gänsen* kommt bzw. wie die Gänse zu seinem Festbrauch kommen. Sicher sind die Gänse zum Fest des Heiligen ausgereift, und sicher ist jetzt die Zeit, ihre Federn, die ja für viele weit wichtiger waren als das Fleisch der Tiere, in Besitz zu nehmen – dennoch wird der Brauch auch andere Wurzeln haben.
Die Gans – auf den meisten Bauernhöfen gehalten – war Zinsgabe an die Grundherren (den Adel, die Klöster).[11] Sie mußte am wohl wichtigsten Zinstag,

erklären wollen, so daß die Narren gleichbedeutend mit den Toren und Sündern wären, so würde der Zahl 11 und ihrer Symbolik größeres Gewicht zukommen.

10 Geramb, 192.

11 Es sei dahingestellt, ob die Gans Zinsgabe wurde, weil sie eben das Tier der armen Leute (der weithin leibeigenen Bauern) war; ob sie wegen ihres wohlschmeckenden Fleisches zu solcher Gabe wurde oder ob die germanische Mythologie eine Rolle gespielt hat. Die Gans war ja Opfertier der germanischen Völker, die sie an ihren Herbstfesten opferten. Man glaubte, daß dem Fleisch ein besonderer Wachstumsgeist innewohne, der sich allen, die davon äßen, mitteile.

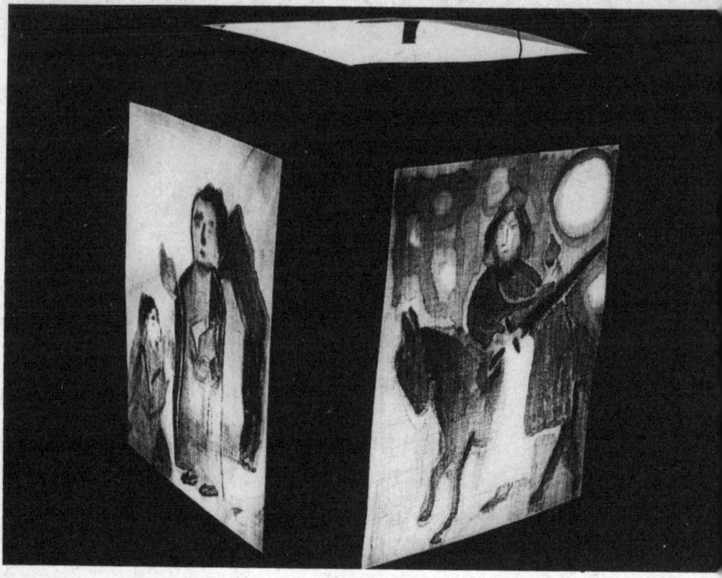

Martinslaternen, auf Baumwolle gemalt und gewachst

dem Fest des hl. Martin,[12] abgeliefert werden.[13] Auf diese Weise dürften die Gänse (ganz ähnlich dem Osterhasen in das Brauchtum des Osterfestes) in die Martinsbräuche gelangt sein.[14]

12 Im Gebiet des Kaiserstuhles gab es den alten Spruch: »Auf Allerheiligen und Allerseelen folgt – Allerteufel« (eben der Zinstag zu St. Martin). Veit/Lenhart, 166f.

13 Da sich die Parallele zum »Fastnachtshuhn«, das zur Osterfastnacht abgeliefert werden mußte, aufdrängt, dürften wir hier wiederum eine Spur der alten Martinsquadragese finden. Es war folgerichtig, daß die Gans zum Mittelpunkt der festlichen Mahlzeiten wurde, die vor dem Beginn der Fastenzeiten üblich waren.

14 Gelegentlich wird die Martinsgans als »Martinsvogel« der alten Lieder vermutet. Doch sind in den alten Heischeliedern andere Vögel gemeint: Schwarzspecht, Buntspecht, Wiedehopf (?); andere denken an Krähen oder an den

Die *Legenden,* welche den Zusammenhang der Gänse mit den Festen des Heiligen erläutern sollen, sind späteren Ursprungs. So sollen die Gänse den Heiligen verraten haben, als er sich im Gefühl seiner Unwürdigkeit verbarg, um nicht das Bischofsamt in Tours annehmen zu müssen. Ein altes Lied hat die Legende aufgenommen:

Eisvogel. Der Flug des »Martinsvogels« galt als vorbedeutend. So heißt es in Vintlers »Blume der Tugend« (1411):

»es spricht manger ich bin gogel,
ich haun gesehn sant Martis vogel
hewt an dem morgen fru,
mir stoßet kain ungelück nit zu.«

(Bächtold-Stäubli V, 1724f)

»Und dieweil das Gickgack-Lied
Diesen heilgen Mann verriet,
Leiden drum am Martinstage
Alle Gänse große Plage ...«[15]

Auch soll das Geschnatter der Gänse den Heiligen einmal bei einer Predigt gestört haben (was eben bittere Folgen hatte für die Nachfahren dieser Vögel).

Die legenda aurea stellt zwar das besondere Verhältnis des Heiligen zu Pflanzen und Tieren heraus, erwähnt von Gänselegenden jedoch kein Wort.

d) Der in Österreich noch geübte Brauch, mit der Martinsgerte andere (die Liebste etwa) zu schlagen,[16] um ihr so Fruchtbarkeit zu schenken, steht – soweit er am Martinstage geübt wird – vielleicht im Zusammenhang mit der alten Sitte, daß Liebende sich an diesem Tag, der ohnehin vielfach als Lostag galt und gilt, je ein Reis von einem Obstbaum ins Zimmer stellten. Blühten die Zweige gegen Weihnachten gemeinsam auf, war das eine gute Vorbedeutung.

Besonders gepflegt (oder neu eingeführt) werden sollte der Martinsumzug. Das Basteln der Laternen, welche Bilder des Heiligen, Szenen aus Martinslegenden, christliche Symbole tragen, leitet zu krea-

[15] Mit dem Essen der Martinsgans waren (Spiel-) Orakel verbunden: Wenn zwei den V-förmigen Brustknochen der Gans zerbrechen, geht dem, der das größere Stück in Händen hält, ein Wunsch in Erfüllung. Aus der Farbe des Brustknochens (weiß oder rot) schließt man auf einen kargen oder notlosen Winter usw. (Schönfeldt, 280)

[16] Siehe zu solchen Bräuchen: »Christliches Brauchtum, 45f.

tivem Tun an. Die Häuser, an denen der Zug vorbeigeht, können reich geschmückt werden. Da wegen der neuerlichen Beliebtheit von Reitervereinen gewöhnlich Pferde zum Martinsumzug zur Verfügung stehen, sollte auch die Mantelteilung dargestellt werden, wobei (s. o.) auf die Form besonderer Wert zu legen ist. In vielen Gemeinden könnte der Martinszug durchaus mit einem gemeinsamen Gebet abgeschlossen werden.
In manchen Städten und größeren Gemeinden versammeln sich heute oft Tausende jüngerer Kinder mit ihren Eltern und älteren Geschwistern zum Martinszug. Der Brauch wird dabei oft »verrummelt«, seines christlichen Charakters beraubt. Gelegentlich artet er in Streitereien um die Gaben aus, die jeder möglichst schnell erhalten will.
In solchen Fällen muß überlegt werden, ob nicht durch stärkere Bindung des Zuges an einen voraufgehenden oder nachfolgenden Gottesdienst oder durch (mehrfache?) Teilung des Zuges der Brauchtumscharakter gewahrt werden kann. Jedenfalls muß eine Lösung gefunden werden, daß die Bettlerszene (soweit sie nicht mit dem Gottesdienst verbunden wird) und das Martinsfeuer für alle Teilnehmer des Zuges sichtbar sind.
Da die Martinslaternen in erschreckendem Ausmaß ausdruckslos und kitschig werden (Massenware), sollten die Familien durch Ausstellung und Prämiierung guter Laternen wieder zum Basteln von Laternen (vielleicht in Kursen oder nach guten Mustern) verlockt werden.
Sinnvoll ist es, Martinsgaben neben den Kindern auch älteren und bedürftigen Gemeindemitgliedern

zu schenken. In manchen Orten geschieht das durch den »Heiligen« des Umzugs selbst.[17]
Gut wäre es, in den verschiedenen Landschaften nach altem Liedgut zum Martinstag zu forschen, um mit Kindern und Gemeinden solche Lieder (wieder) einzuüben. Da die älteste Erwähnung von Martinsliedern auf 1263 zu datieren ist und seit dem 14. Jahrhundert viele Lieder entstanden sind,[18] müßte das Suchen eigentlich Erfolg haben.
Mit dem Martinsfest beginnt der Festreigen jener Heiligen, die in besonderer Weise auf die Weihnacht verweisen: auf die Geburt des göttlichen Kindes, in dem uns die Güte und Menschenfreundlichkeit Gottes erschienen sind.

[17] Zu den verschiedenen Formen der Gebildbrote zum Fest (Martinshorn, Martinsring, Martinsgeige etc.) siehe Schönfeldt, 283f.

[18] W. Jürgensen hat Martinslieder gesammelt. Sie gehören zum Teil der Vagantenlyrik an und sind für Umzüge nicht brauchbar. Viele Lieder könnten aber – vielleicht leicht umgeschrieben – das spärliche Martinsliedgut bereichern.

Bildnachweis:

Bavaria, Gauting: 56, 117. – Diözesanmuseum, Aachen: 24. – Diözesanmuseum, Rottenburg: 131. – K. Guthausen, Schleiden: 45. – KNA, Frankfurt/M.: 17, 39, 43, 47. – G. Lehmann, Foto-Studio, Soest/W.: 63. – München, Schatzkammer der Residenz: 123. – Süddeutscher Verlag, München: 89, 99.
Alle übrigen Fotos vom Verfasser.

Hermann Kirchhoff

Christliches Brauchtum

Von Advent bis Ostern
164 Seiten mit zahlr. Abbildungen.
2. Auflage 1985
Kartoniert

Ein kenntnisreiches, anregendes und interessant geschriebenes Buch, für das nicht nur Seelsorger, Religionslehrer und Erzieher dankbar sein werden, sondern auch viele Eltern, Großeltern und alle, denen daran gelegen ist, unserem Leben wieder mehr Farbe und Natürlichkeit zu geben.
Der Verfasser begnügt sich nicht mit der Schilderung des Brauchtums der Zeit von Advent bis Ostern, er erklärt auch dessen Herkunft und Bedeutung. Zugleich prüft er kritisch, welche Bräuche auch in unserer Zeit noch sinnvoll sind und es verdienen, wieder geübt und tradiert zu werden.

Kösel-Verlag · München